PAW
PAW

RUMBERLEY

DESSINS: WILLY LAMBIL SCENARIO: RAOUL CAUVIN

DUPUIS

I.S.B.N. 2-8001-0872-X

ISSN 0772-0718

DUPUIS

MARCINELLE-CHARLEROI / PARIS / MONTREAL / BRUXELLES / SITTARD

SANS COMMENTAIRE...
1A.

QUELLE MISÈRE !...

AAAAAH
!

BRANCARDIERS ! PAR ICI !...

VOUS EN FAITES PAS, SERGENT... ON VA VOUS SORTIR DE LÀ !... ÇA N'A PAS L'AIR D'ÊTRE TROP GRAVE !...
ON... ON A GA... GAGNÉ ?
1B.

GAGNÉ!? OUAIS, SI L'ON VEUT!... N'EMPÊCHE QUE QUAND ON REGARDE AUTOUR DE SOI, IL Y A DE QUOI SE POSER DES QUESTIONS!... NOUS N'AVONS PLUS D'INFANTERIE, PLUS D'ARTILLERIE ET PLUS DE CAVALERIE!...

IL NE NOUS RESTE QUE L'ÉTAT-MAJOR AU GRAND COMPLET... ET ENCORE!... IL Y EN A DEUX QUI ONT LA GRIPPE!...
...ET... ET CEUX D'EN FACE?...

C'EST PAREIL!... ILS ONT AUSSI LAISSÉ LES NEUF DIXIÈMES DE LEURS EFFECTIFS SUR LE TERRAIN... S'ILS ONT ARRÊTÉ LE COMBAT, À MON AVIS, C'EST QUE LES ÉTATS-MAJORS ONT REFUSÉ DE SE BATTRE ENTRE EUX!...

MENEZ-LE À L'INFIRMERIE... JE VAIS VOIR S'IL Y EN A D'AUTRES!...
O.K. ON LE DÉBARQUE ET ON REVIENT!
2A.

UN NOUVEAU, TOUBIB!... OÙ ON LE MET?...
POSEZ-LE LÀ!... JE M'OCCUPERAI DE LUI PLUS TARD!

FICHUE GUERRE!
OUAIP! FICHUE GUERRE!

?!
HÉ!

EST-CE QUE, PAR HASARD, VOUS N'AURIEZ PAS RAMASSÉ UN SERGENT DE CAVALERIE QUELQUE PART PAR LÀ?...
OH! VOUS SAVEZ... DES SERGENTS, ON EN RAMASSE À LA PELLE... TIENS, ON VIENT ENCORE D'EN RAMENER UN...
2B.

ON L'A CONDUIT LÀ-BAS, DANS LA GRANGE !...
SI CELUI QUE VOUS CHERCHEZ NE S'Y TROUVE PAS, C'EST QU'IL EST MORT !...
OOH!

DE CE CÔTÉ, IL N'Y A PLUS GRAND MONDE DE VIVANT !... VIENS, SHORTY, ON VA ENCORE FAIRE UN TOUR, PUIS ON RENTRE !
MERCI, LES GARS!
OH! IL N'Y A PAS DE QUOI !...

AÏE! AÏE!... C'EST PAS BEAU TOUT ÇA !... VA FALLOIR AVOIR DU COURAGE, MON VIEUX !
3A.

EUH ... AHEM ... PSST... HÉ, TOUBIB ... IL PARAÎT QU'ON VIENT DE VOUS RAMENER UN SERGENT !...
?

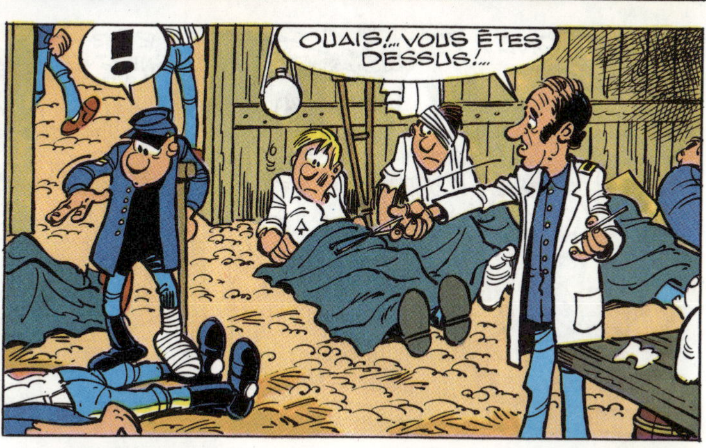
!
OUAIS !... VOUS ÊTES DESSUS !...

SERGENT !... DIEU SOIT LOUÉ ..... JE VOUS RETROUVE VIVANT !...

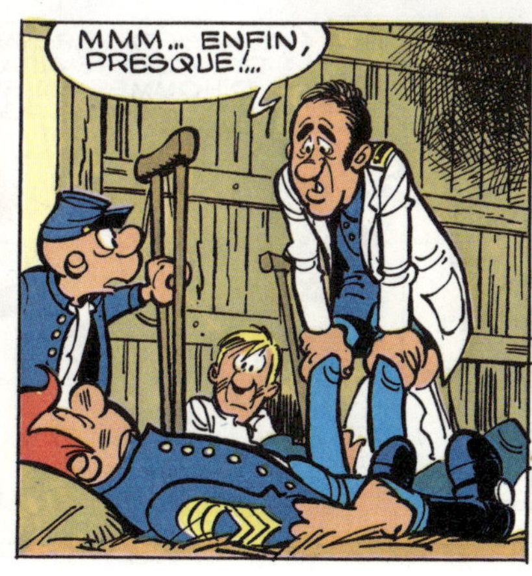
MMM... ENFIN, PRESQUE !...

C'EST GRAVE, DOCTEUR ?
...AVOIR UNE BALLE ENTRE LES CÔTES, ÇA N'A RIEN À VOIR AVEC UN NOUGAT ENTRE LES DENTS, CROYEZ-MOI !...
3B.

TENEZ, REGARDEZ-MOI CELUI-CI... CE N'EST PLUS UN HOMME, C'EST UNE PASSOIRE! J'APERÇOIS MA TABLE À TRAVERS!...

STARK!
VOUS LE CONNAISSEZ?

ET COMMENT!... C'EST À CAUSE DE LUI SI ON SE RETROUVE TOUS DANS UN ÉTAT PAREIL!... VOUS CROYEZ QU'IL SURVIVRA?
DIFFICILE À DIRE!... SON POULS BAT FAIBLEMENT, MAIS SES RÉACTIONS SONT TOUT À FAIT NULLES!...

CHAARGEZ!
!

ARGNÉ ARGNÉ... RHEEEUU... RA... ARGLARGL...
MAIS NON! MAIS NON! RESTEZ CALME! RESTEZ CALME!
PLUS DE RÉACTIONS HEIN?...
4A.

ARRG... GNÉ... AAAG...
?!

RRR GNÉGNÉ AARG...
MAIS OUI! MAIS OUI, SERGENT! VOUS CHARGEREZ ENCORE COMME UN IMBÉCILE... MAIS OUI... LAAAAA JE VOUS LE PROMETS!
CAVALERIE?...

COMMENT L'AVEZ-VOUS DEVINÉ?...

CEPENDANT...
CE N'EST PAS CROYABLE DE PERDRE AUTANT D'HOMMES EN SI PEU DE TEMPS! ILS L'ONT FAIT EXPRÈS OU QUOI?...
LES SUDISTES ONT AUSSI SUBI UNE LOURDE DÉFAITE SIR, NE L'OUBLIONS PAS!...
4B.

ET PUIS, DES HOMMES, ÇA SE REMPLACE !... IL SUFFIT DE QUELQUES PROMESSES ET...
STILMAN, UN PEU DE DÉCENCE, S'IL VOUS PLAÎT !

TANDIS QUE LES OFFICIERS, ÇA, C'EST AUTRE CHOSE, IL FAUT AVOIR FAIT WEST POINT POUR LE DEVENIR... NOUS SOMMES DES CULTIVÉS, NOUS !...
STILMAN !
BLUB
BLUB

HORACE, COMBIEN NOUS RESTE-T-IL D'HOMMES VALIDES PRÊTS À REPRENDRE LES ARMES, LE CAS ÉCHÉANT ?
EUH... EN COMPTANT LES INFIRMIERS, L'AUMÔNIER ET NOUS-MÊMES !...
AH NON ! PAS NOUS, TOUT DE MÊME !

STILMAN, TAISEZ-VOUS ! C'EST UN ORDRE !
AH BON !
SLURP

QUARANTE HOMMES, MON GÉNÉRAL !...
... SUR TROIS MILLE !... BIGRE !... CE N'EST PLUS DU MASSACRE, ÇA, C'EST DU CARNAGE !...
... POURTANT, D'APRÈS VOTRE HOROSCOPE...
5A.

DÉSORMAIS, JE ME FICHERAI DE MON HOROSCOPE !!... VICTOIRE FACILE, SUCCÈS ASSURÉS, QU'IL DISAIT !!... ET PUIS QUOI ENCORE !?... LA PREUVE !!...
MAIS... MAIS NOUS AVONS GAGNÉ !...

PARCE QUE VOUS APPELEZ ÇA GAGNER, VOUS !? C'EST UN COMBLE !... ET AVEC QUOI VOULEZ-VOUS QU'ON SE BATTE, À PRÉSENT !? AVEC LES CANTINIÈRES ?...
EUH... IMPOSSIBLE, SIR... ILS NOUS LES ONT EMBARQUÉES !

PAS ÉTONNANT !... JE ME SUIS TOUJOURS PLAINT AUX SPHÈRES SUPÉRIEURES QU'ON LES ENGAGEAIT TROP JOLIES !... S'ILS AVAIENT ENGAGÉ MA FEMME, CROYEZ-MOI, LES SUDISTES L'AURAIENT LAISSÉE SUR PLACE COMME MES SOLDATS !...

MESSIEURS, MA DÉCISION EST PRISE !... NOUS VIDONS LES LIEUX !... NOUS REGAGNONS NOS LIGNES ET NOUS REVENONS AVEC UNE ARMÉE FRAÎCHE ET SOLIDE !...
... ET LES BLESSÉS ?... BEAUCOUP D'ENTRE EUX NE POURRONT PAS NOUS SUIVRE !...
5B.

NOUS N'EMPORTERONS PAS LES BLESSÉS... ILS NE FERAIENT QUE RALENTIR NOTRE RETRAITE !... L'IMPORTANT C'EST D'ALLER VITE !...

NOUS DEVONS REVENIR ICI RAPIDEMENT AVANT QUE LES REBELLES NE SE SOIENT RÉORGANISÉS, SINON ILS SERONT ICI AVANT NOUS ET RECONQUERRONT LE TERRAIN QUE NOUS AVONS AUSSI DUREMENT GAGNÉ !
MAIS... LES BLESSÉS ?...

J'AI VU SUR LA CARTE QU'IL Y A UN PETIT VILLAGE PRÈS D'ICI, RUMBERLEY... NOUS LES Y LAISSERONS AVEC ORDRE AUX HABITANTS D'EN PRENDRE SOIN !...

MON GÉNÉRAL, VOUS N'Y PENSEZ PAS ! NOUS SOMMES EN TERRITOIRE ENNEMI !... LES HABITANTS DE CE VILLAGE SONT TOUS POUR LES CONFÉDÉRÉS !...
DES GOSSES ET DES VIEILLARDS !... AUX PREMIERS COUPS DE FUSIL, ILS DÉTALERONT COMME DES LAPINS !

VOUS LEUR LAISSEREZ QUELQUES HOMMES ?...
VOUS SAVEZ PERTINEMMENT BIEN QUE NOUS EN AURONS BESOIN POUR COUVRIR NOTRE RETRAITE... NE SOYEZ PAS STUPIDE, HORACE !

FAITES EXÉCUTER LES ORDRES ! NOUS LÈVERONS LE CAMP DEMAIN MATIN !...
AYE, SIR !
6A.

ET VOILÀ !... JE NE PEUX PLUS RIEN FAIRE D'AUTRE POUR LUI, À PRÉSENT !... À LA PROVIDENCE DE JOUER ! AIDEZ-MOI, PHIL !...
O.K. !

...ET SI ON LE METTAIT SOUS LA TABLE ?... LÀ, AU MOINS, ON ÉVITERA DE LUI MARCHER DESSUS !...

À VOTRE COPAIN, À PRÉSENT !
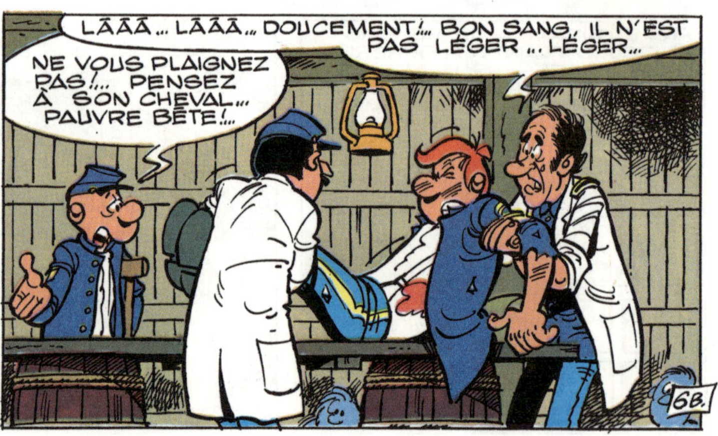
LÂÂÂ... LÂÂÂ... DOUCEMENT !... BON SANG, IL N'EST PAS LÉGER... LÉGER...
NE VOUS PLAIGNEZ PAS !... PENSEZ À SON CHEVAL... PAUVRE BÊTE !...
6B.

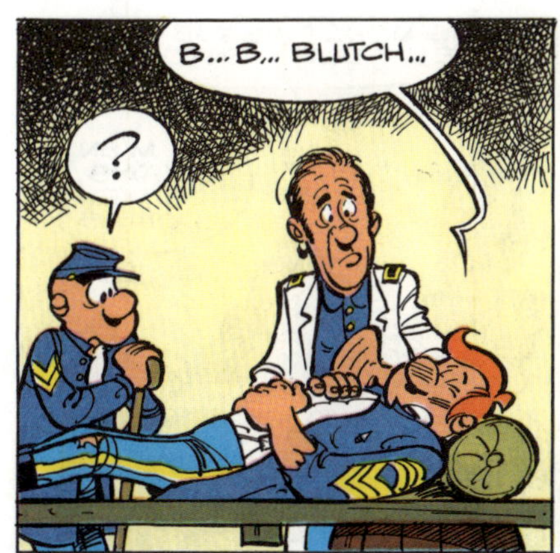

B... B... BLUTCH...
?

BLUTCH!? QUI C'EST?...
C'EST MOI!... QU'EST-CE QU'IL Y A SERGENT?...

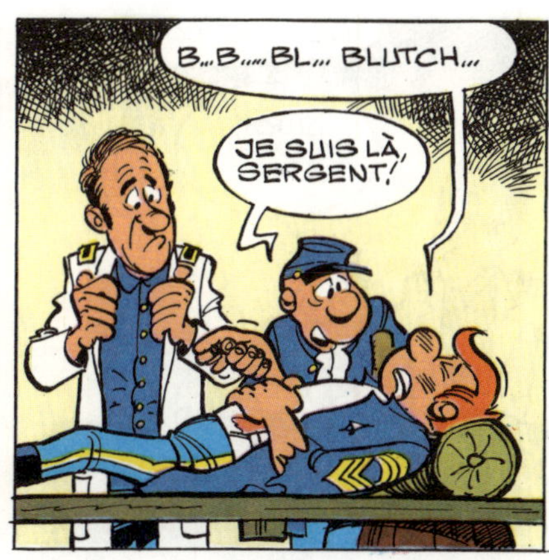

B... B... BL... BLUTCH...
JE SUIS LÀ, SERGENT!

BLUTCH... V... VOUS AUSS!?
MOI QUOI?...
V... VOUS ÊTES B... BLESSÉ?...
BEN...

J'AI... J'AI UNE ENTORSE...
RÂÂÂ... UNE ENTORSE... C'EST DÉJÀ ÇA!... B... BRAVO, MON P... PETIT!...

JE... JE SAVAIS QU'... QU'UN JOUR JE FE... FERAIS DE VOUS UN BON COMBATTANT!...
JE PEUX OPÉRER?...
HEU... NON! ATTENDEZ ENCORE QUELQUES SECONDES!
7A.

MAIS LE TEMPS PRESSE!
CHHHT

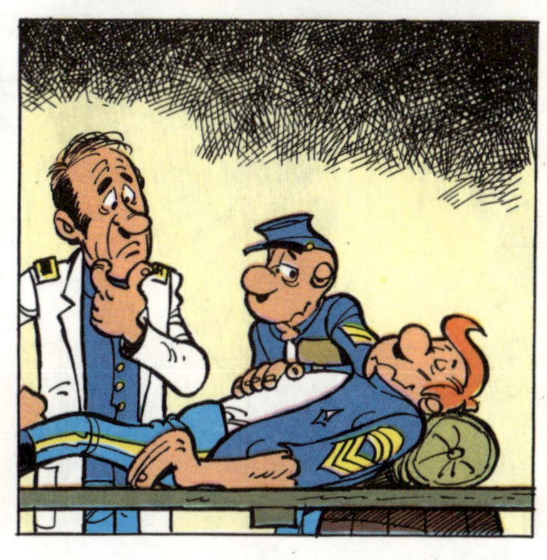

?

UNE ENT... UNE ENTORSE!?... CO... COMMENT ÇA, UNE ENTORSE!?

BEN VOILÀ... POUR TOUT VOUS DIRE, SERGENT... À LA PREMIÈRE CHARGE, MON CHEVAL EST TOMBÉ... ALORS, J'AI CONTINUÉ À COURIR...
VOUS PENSEZ BIEN!...
B... BRAVO! J'AI... J'AI EU PEUR UN INSTANT, BLUTCH!

...ET MAINTENANT, JE PEUX Y ALLER?...
À VOTRE PLACE, J'ATTENDRAIS ENCORE UN INSTANT!...
7B.

DE QUEL CÔTÉ?
QUOI, DE QUEL CÔTÉ?...

VOUS COURIEZ DE... DE QUEL CÔTÉ?... AVOUEZ!...
BEN... VERS L'ARRIÈRE!... CHERCHER UN NOUVEAU CHEVAL!...
...ET VOUS L'AVEZ TROUVÉ?...

MAIS NON!... PUISQUE J'AI EU UNE ENTORSE!...
JE M'EN DOUTAIS! JE M'EN DOUTAIS!

HORS DE MA VUE, MISÉRABLE LAVETTE!!...
O.K., TOUBIB!... VOUS POUVEZ Y ALLER!...

?
US ARMY
8A.

QU'EST-CE QUE VOUS FAITES?
ON S'EN VA!

COMMENT ÇA, ON S'EN VA?!... VOUS SAVEZ BIEN QUE LA PLUPART DES GARS QUI SE TROUVENT LÀ-DEDANS SONT INTRANSPORTABLES!...
LES ORDRES SONT LES ORDRES, MON VIEUX!... NOUS, ON NE DISCUTE PAS!
RICE
U.S.
CARE

SI TU N'ES PAS D'ACCORD, IL FAUT T'ADRESSER À CES MESSIEURS DE L'ÉTAT-MAJOR!...

!
8B.

EXCUSEZ, CAPORAL... ON NE PASSE PAS!... CES MESSIEURS SONT EN CONFÉRENCE!...
EN CONFÉRENCE?!

EN CONFÉRENCE, HEIN?!...
OUNGF!

QU'EST-CE QUE C'EST?!...
SLAM
9A.

EXCUSEZ MON INTRUSION, MON GÉNÉRAL... JE VIENS D'APPRENDRE QUE VOUS PROJETIEZ DE LEVER LE CAMP SANS TENIR COMPTE DE L'ÉTAT DES BLESSÉS!...
CAPORAL, SORTEZ!... C'EST UN ORDRE!...
LAISSEZ, STILMAN!

NOUS COMPRENONS VOTRE INQUIÉTUDE, CAPORAL!... SI, SI!... MAIS QUI VOUS A FAIT CROIRE QUE NOUS NE NOUS OCCUPERIONS PAS DE NOS VAILLANTS SOLDATS BLESSÉS AU COMBAT, MMM?...
BEN...
NOUS EN DISCUTIONS JUSTEMENT!

PREMIER POINT: DEMAIN À L'AUBE, NOUS LES CONDUIRONS DANS UN MAGNIFIQUE PETIT VILLAGE CHEZ DES GENS ACCUEILLANTS QUI PRENDRONT SOIN D'EUX!
HA?...

DEUXIÈME POINT: NOUS RETOURNONS DEMANDER AU GÉNÉRAL GRANT DES TROUPES FRAÎCHES ET NOUS REVENONS DARE-DARE!... UNE AFFAIRE DE QUELQUES JOURS... UNE SEMAINE, AU PLUS!
HÉ!...

ALLEZ EN PAIX, CAPORAL, ET SACHEZ QUE LE JOUR OÙ L'ARMÉE ABANDONNERA SES ENFANTS N'EST PAS ENCORE ARRIVÉ!
EUH... M... MERCI, MON GÉNÉRAL!
9B.

AH! ENCORE UNE CHOSE... NOUS VOUS LAISSERONS VOS CHEVAUX ET LE DOCTEUR, AINSI QUE DES VIVRES ET QUELQUES CAISSES DE MUNITIONS... DE QUOI VOUS LA COULER DOUCE JUSQU'À NOTRE RETOUR!...
SI J'OSE AINSI M'EXPRIMER!...
VOUS... VOUS ÊTES TROP BON, MON GÉNÉRAL!...

PAS MAL, CE TYPE!... DOMMAGE QU'IL N'Y EN AIT PAS PLUS DANS L'ARMÉE!... ON FINIRAIT PAR S'Y PLAIRE!...
POK
POK
POK
TOP
TOP

!
U.S.

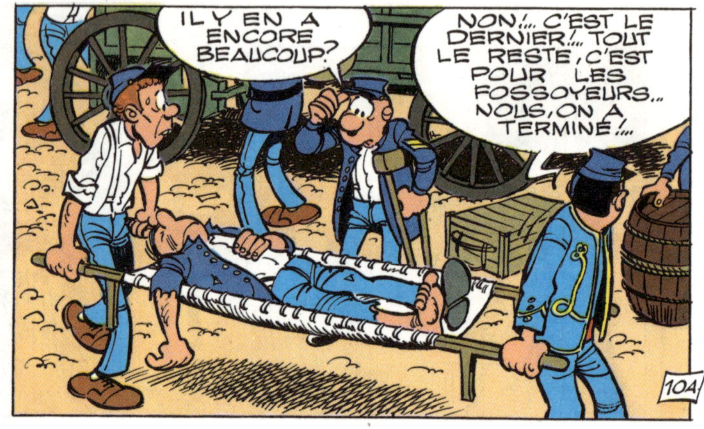
IL Y EN A ENCORE BEAUCOUP?
NON!... C'EST LE DERNIER!... TOUT LE RESTE, C'EST POUR LES FOSSOYEURS... NOUS, ON A TERMINÉ!...
10A

DE GUERRE!
COMME TU DIS!...

ON VOUS AMÈNE LE DERNIER, TOUBIB!...
CE N'EST PAS TROP TÔT, JE COMMENÇAIS À EN AVOIR PLEIN LES BOTTES!...

POSEZ-LE LÀ!
SPLASH

HORREUR!... MAIS J'EN AI POUR TOUTE LA NUIT AVEC CELUI-LÀ!...
BAH! APRÈS, VOUS POURREZ VOUS REPOSER!... À CE TRAIN-LÀ, JE GAGE QUE NOUS N'AURONS PLUS D'ENGAGEMENT AVEC L'ENNEMI AVANT DEUX SEMAINES!...
10B

ÇA VA, TOUBIB?..
HA, CAPORAL!... VOUS TOMBEZ BIEN! VOUS ALLEZ ME DONNER UN COUP DE MAIN!

QUOI!?.. VOUS N'Y PENSEZ PAS!... ..ET MON ENTORSE?!
ALLONS, SOYEZ SÉRIEUX!... VOUS AVEZ AUTANT D'ENTORSE AU PIED QUE J'AI DE FURONCLE AU NOMBRIL!...

CHHHH...
OH! N'AYEZ PAS PEUR! IL EST DANS LES POMMES!

VOUS NE PERDEZ RIEN POUR ATTENDRE, GRAND LÂCHE!
?

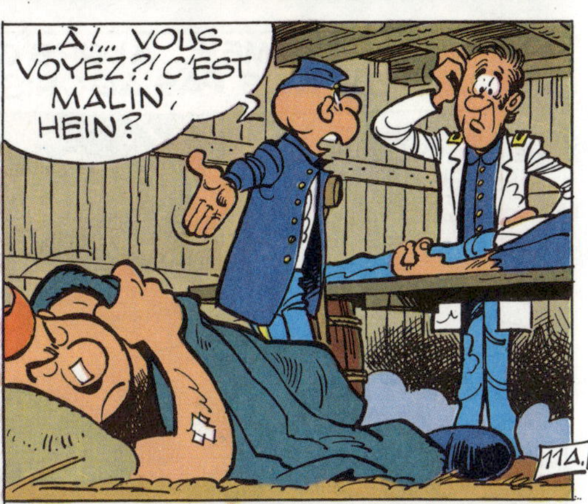
LÀ!... VOUS VOYEZ?! C'EST MALIN, HEIN?
11A.

...ET LE LENDEMAIN...
COMMENT ÇA VA LÀ-DEDANS, TOUBIB?...
PAS BRILLANT!... C'EST ENCORE LOIN?...
À DEUX MILLE, TOUT AU PLUS!
US ARMY
11B.

HÉ! VOTRE COPAIN... ON DIRAIT QU'IL REPREND CONNAISSANCE!...
AÏE AÏE AÏE

RÂÂÂ... OÙ EST-IL?..
QUI ÇA?..
CE MISÉRABLE LÂCHE!...
CALMEZ-VOUS! LÀÀÀÀ... DU CALME!

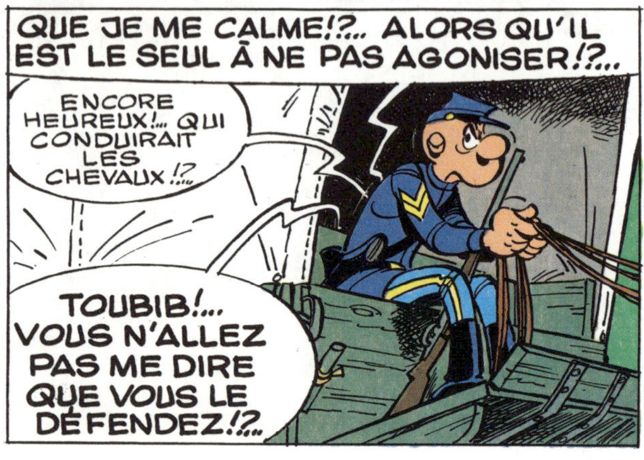
QUE JE ME CALME!?.. ALORS QU'IL EST LE SEUL À NE PAS AGONISER!?...
ENCORE HEUREUX!... QUI CONDUIRAIT LES CHEVAUX!?
TOUBIB!... VOUS N'ALLEZ PAS ME DIRE QUE VOUS LE DÉFENDEZ!?..

MAIS NON, VOYONS!... MAIS SANS LUI, QUE FERIEZ-VOUS!?.. AUCUN D'ENTRE VOUS N'EST CAPABLE DE SE TENIR SUR SES JAMBES!
HA! VOUS CROYEZ!?
12A

EH BIEN, REGARDEZ... GNNN... GNNN...
RESTEZ TRANQUILLE, VOYONS!...
?

A... ALORS!?.. HEIN?... ALORS!?...
YOOO YÛÛÛH...

KRRR

BOM
U.S. ARMY
BOM

IL L'A FAIT EXPRÈS! IL L'A FAIT EXPRÈS, JE VOUS DIS!
MAIS NON! MAIS NON!
MAIS SI! MAIS SI!
12B

LAISSEZ-MOI PASSER!... MAIS LAISSEZ-MOI PASSER!

TIENS, SALUT, SERGENT!

DONNEZ-MOI CE FUSIL!

...ET MAINTENANT, SI VOUS OSEZ BOUGER SEULEMENT UNE PATTE... PAN!... VU?...
VU, SERGENT!

U.S. ARMY
13A.

OÙ ALLONS-NOUS?...
...À RUMBERLEY, SERGENT!...

HEIN?!...OÙ ÇA?...
BEN... À RUMBERLEY, TOUBIB!... ORDRE DU GÉNÉRAL...

QU'EST-CE QU'ON VA FAIRE À RUMBERLEY?...
...ATTENDRE QU'IL REVIENNE AVEC DES RENFORTS!... LE REPOS COMPLET, QUOI!...

HA! PARCE QUE VOUS CROYEZ QUE VOUS ALLEZ VOUS LA COULER DOUCE DANS UN VILLAGE CONFÉDÉRÉ, VOUS!?...
U.S. ARMY
SCRÏÏÏÏ
QUOI?!

RUMBERLEY EST UN VILLAGE DE CONFÉDÉRÉS!... VOUS L'IGNORIEZ?...
OH! LE ...ET MOI QUI L'AI CRU COMME UN IMBÉCILE!...
13B.

UN VILLAGE ACCUEILLANT, QU'IL DISAIT!... OH! LE
!
BLUTCH!

QU'EST-CE QUE VOUS FAITES LÀ, VOUS?!... VOUS CROYEZ QUE C'EST LE MOMENT DE S'AMUSER?!...

QU'EST-CE QUI VOUS A PRIS DE FREINER AUSSI BRUSQUEMENT, IMBÉCILE?!...
QUOI?...

SACHEZ, MONSIEUR, QUE QUAND ON N'A PAS LA FORCE DE RIVER SES FESSES SUR LE DEVANT D'UN CHARIOT, ON LES CALE À L'ARRIÈRE COMME TOUT LE MONDE! ET TOC!...
PAF

N'OUBLIEZ JAMAIS QUE VOUS PARLEZ À UN MILITAIRE, BLUTCH!... NE ME TRAITEZ PLUS JAMAIS DE CIVIL!...
YÉK YÉK
14A

AU LIEU DE VOUS DISPUTER, VOUS FERIEZ MIEUX DE PRENDRE UNE DÉCISION!... ON CONTINUE OU QUOI?!...
QUELLE QUESTION!... ON MET LES BOUTS, OUI!...
JE VOUS RECONNAIS BIEN LÀ, PÂLE TYPE!...

LE GÉNÉRAL NOUS A DONNÉ L'ORDRE D'ALLER À RUMBERLEY, NOUS IRONS À RUMBERLEY!
VOUS ÊTES FOU OU QUOI?!

VOUS, SI VOUS VOULEZ ENCORE UNE BEIGNE, C'EST LE MOMENT OU JAMAIS!... EN ROUTE, J'AI DIT!...
TOUBIB, BON DIEU! VOUS ÊTES OFFICIER, QUOI! VOUS DEVRIEZ LUI FAIRE COMPRENDRE!...

HÉLAS! IL A RAISON, CAPORAL! UN ORDRE C'EST UN ORDRE!...
ET HOP!... NOUS Y VOILÀ!... ARTICLE UN DU MANUEL DU PARFAIT PETIT MILITAIRE!

VOUS FERIEZ MIEUX DE M'AIDER, AU LIEU DE DÉBITER DES ÂNERIES!...
AVEC PLAISIR, SERGENT! TENDEZ-MOI VOTRE FUSIL! JE VAIS VOUS HISSER
14B

O.K.?
O.K.! ALLEZ-Y!

HO... HISSE...
BANG

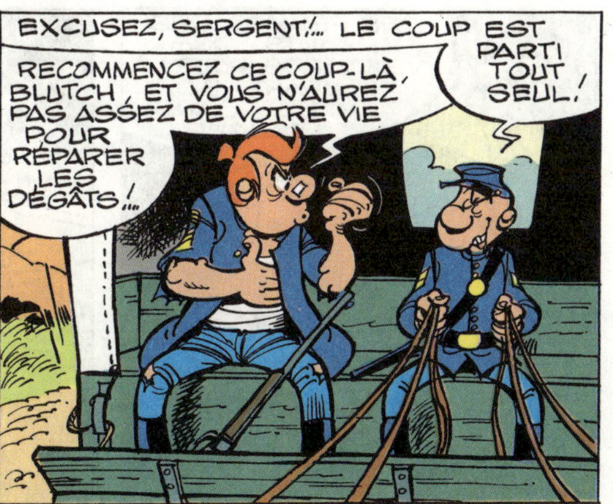
EXCUSEZ, SERGENT!... LE COUP EST PARTI TOUT SEUL!
RECOMMENCEZ CE COUP-LÀ, BLUTCH, ET VOUS N'AUREZ PAS ASSEZ DE VOTRE VIE POUR RÉPARER LES DÉGÂTS!...

UN PEU PLUS TARD...
RUMBERLEY!
15A.

EFFECTIVEMENT, L'ACCUEIL A L'AIR PLUTÔT FROID!...
BEN, METTEZ-VOUS À LEUR PLACE!...
GOODS BEVERLEY & SONS
U.S. ARMY
PETER
OIL
15B.

DES FEMMES, DES ENFANTS, DES VIEILLARDS, POUR LA PLUPART... BOF! C'EST SANS DANGER!...

POF
!

À PREMIÈRE VUE, EN CE QUI CONCERNE LES VIEILLARDS ET LES ENFANTS, DU MOINS!...

BLAM BLAM
BLAM
16A.

POUR UNE FOIS QU'ON VOUS ACCUEILLE AVEC DES FLEURS, VOUS RÉPONDEZ PAR DES COUPS DE FUSIL! ÇE N'EST PAS NORMAL!...
J'AI TIRÉ EN L'AIR POUR LES EFFRAYER, IMBÉCILE!...
BOOTS
LEATHER

POURQUOI?... VOUS N'AIMEZ PAS LES FLEURS, SERGENT?
CESSEZ DE FAIRE L'IDIOT, BLUTCH, ET RANGEZ-MOI CETTE CARRIOLE!... JE CRAINS QU'IL Y AIT DU GRABUGE D'ICI PEU!...

QU'EST-CE QUI VOUS FAIT CROIRE ÇA?...
LE POT!
ARMY
16B.

PLUS TARD...
DRESS MAK
ÇA IRA, TOUBIB?...
MIEUX VAUT UNE GRANGE QUE RIEN DU TOUT, PAS VRAI!?...

DITES DONC... STARK A L'AIR PLUTÔT MAL EN POINT!...
CROYEZ-VOUS?!

CHAARGEZ!
GN?! ARG... GNGNGN...

IL SE REMETTRA, CROYEZ-MOI!...
AGNÉ... AGNÉ... AGNÉ...
INUTILE DE ME DIRE QUI SE TROUVE ENCORE À LA BASE DE CETTE IDIOTIE!...
17A

AGNÉ...
OÙ RESTE-T-IL ENCORE CELUI-LÀ?...
DU CAAALME!... LÀÀÀ... DU CALME!...

ALORS?...
JE ME SUIS OCCUPÉ DES CHEVAUX... ILS SONT EN SÛRETÉ... ...ET ICI?...

CE N'EST PAS BRILLANT, BRILLANT, MAIS C'EST TOUJOURS MIEUX QUE RIEN!... IL RESTE À SOUHAITER QUE LE GÉNÉRAL NE TARDE PAS TROP!
...AUTREMENT DIT, ON EST FICHUS!

BLUTCH, VOUS N'ÊTES QU'UN MINABLE DÉFAITISTE!... SI LE GÉNÉRAL A DIT QU'IL REVIENDRAIT, IL REVIENDRA!...
OUI, MAIS QUAND?...

JE NE SAIS PAS, MOI... UNE SEMAINE... DEUX AU MAXIMUM...
BEN TIENS!... ET VOUS CROYEZ QUE LES CONFÉDÉRÉS, QUI NE SONT QU'À TROIS JOURS D'ICI, VONT COMPTER LEURS DOIGTS DE PIEDS EN ATTENDANT SON RETOUR!...
17B

MAIS C'EST AFFREUX !
TILT !

BLUTCH, IL FAUT CACHER ÇA AUX AUTRES !... IL NE FAUT PAS QU'ILS SACHENT..... MÊME LE TOUBIB !... ÇA POURRAIT SAPER LEUR MORAL !...
QUEL MORAL ?...

IL FAUDRAIT DE L'EAU !... J'EN AI BESOIN POUR LES BLESSÉS...
HEIN ?.. QUE ?... MAIS BIEN SÛR, TOUBIB... ON VA Y ALLER..
O.K. ! ÇA VA !... J'AI COMPRIS !
18A

NOTEZ QUE PARFOIS JE ME DEMANDE SI ÇA VAUT LA PEINE DE CONTINUER À LES SOIGNER !... UN JOUR DE PLUS OU DE MOINS...

IL SAIT ?...
IL SAIT !
OH !
EH !

ALLEZ CHERCHER DE L'EAU !... PENDANT CE TEMPS, JE VAIS LUI REMONTER LE MORAL !...
...EH BIEN, BONNE CHANCE !...

DRESS MAKING
18B

CRIP CRIP

BLAM
BLAM
?!

19A.

ALLONS, ALLONS, CROYEZ-MOI, TOUBIB... BLUTCH ET MOI, ON EN A VU D'AUTRES!... ON S'EN SORTIRA, CROYEZ-MOI!...
DIEU VOUS ENTENDE, SERGENT!...

SERGENT, SI VOUS VOULEZ DE L'EAU, IL FAUDRA ALLER LA CHERCHER VOUS-MÊME!...
QU'EST-CE QUE ÇA VEUT DIRE?...

ÇA VEUT DIRE QUE JE N'AI PAS ENVIE DE RECEVOIR UNE VOLÉE DE PLOMBS CHAQUE FOIS QUE JE METTRAI LE PIF DEHORS!
ILS... ILS SURVEILLENT LE PUITS?...
MIEUX!... ILS LE COUVENT!...

ALORS... PAS D'EAU!? CETTE FOIS, C'EST BIEN FINI...
IL NOUS RESTE NOS ARMES ET DES MUNITIONS!...
VOUS CONFONDEZ, SERGENT!... ON NE SOIGNE PAS DES BLESSURES AVEC DE LA POUDRE,... ON LES FAIT!...

OH! BLUTCH, VOUS
IL A RAISON, SERGENT!... QUE VOULEZ-VOUS QUE JE FASSE POUR CES MALHEUREUX AVEC NOS MUNITIONS?...
19B

BLUTCH, PASSEZ-MOI VOTRE CHEMISE !...
MA QUOI ?!

VOTRE CHEMISE, GODASSE !... PARCE QUE, ENTRE TOUTES CELLES QUI SE TROUVENT ICI, C'EST LA VÔTRE, COMME PAR HASARD, QUI NE SOIT PAS SOUILLÉE PAR LA MOINDRE GOUTTE DE SANG !
VOUS N'ALLEZ TOUT DE MÊME PAS ME REPROCHER D'ÊTRE PROPRE, À PRÉSENT !

DITES, SERGENT... JE NE VOUDRAIS PAS ÊTRE INDISCRET, MAIS QUE COMPTEZ-VOUS FAIRE AVEC MA CHEMISE ?...

PARLEMENTER !
HA ?!

QUAND MÊME... À VOTRE PLACE...
20A.

... JE ME MÉFIERAIS !
PAF
PAF

QU'EST-CE QUE JE VOUS DISAIS ?!

ILS... ILS ONT TIRÉ SUR UN DRAPEAU BLANC, CES ✶#✶@!✶!
BÔM BÔM BÔM
ILS AURAIENT PU VISER PLUS BAS !... NON MAIS, VOUS AVEZ VU CETTE CHEMISE ?!...

BREF !... SI JE COMPRENDS BIEN, NOUS NE POUVONS PAS AVOIR D'EAU !
HEIN !?... MAIS SI ! MAIS SI ! ENFIN, PAS TOUT DE SUITE... NOUS ESSAYERONS ENCORE CETTE NUIT, PAS VRAI, BLUTCH ?...
AVEC QUELLE CHEMISE, SERGENT ?!...
20B.

CHEMISE OU PAS, ÇA NE SERVIRA À RIEN!... CES IMBÉCILES VOUS TIRERONT DESSUS DE TOUTE FAÇON!... LES CIVILS, ÇA NE RESPECTE PAS LES LOIS DE LA GUERRE!...
MMM...

EH BIEN! CROYEZ-MOI, SERGENT... J'AI UN TRUC POUR QU'ILS NE NOUS TIRENT PAS DESSUS!... DU TOUT CUIT!...
BRAVO, BLUTCH!... J'AI TOUJOURS DEVINÉ DANS VOTRE REGARD HAGARD UNE PARCELLE D'INTELLIGENCE!... DITES!?...

...JE NE BOUGERAI PAS D'ICI!...

ÉCOUTEZ-MOI, ESPÈCE DE ...! JE VOUS OFFRE LA CHANCE INESPÉRÉE DE GAGNER UNE OU DEUX BLESSURES D'UNE MANIÈRE HONNÊTE!... VOUS N'ALLEZ TOUT DE MÊME PAS LA REFUSER!?
SI! JE NE SUIS PAS DOUÉ POUR LES AFFAIRES!

BON!
HÉ! ON NE SE REFAIT PAS, VOUS SAVEZ!

MAIS SI! MAIS SI! IL FAUT SE FORCER UN PEU, VOILÀ TOUT!...
CLICK
21A

...ET LA NUIT VENUE.....
...ET QU'EST-CE QUI VOUS DIT QUE, SITÔT SORTI, JE N'IRAI PAS ME RANGER DE LEUR CÔTÉ?...
MOI!... PARCE QUE SI PAR MALHEUR VOUS DÉPASSEZ LE PUITS DE DIX CENTIMÈTRES, JE VOUS FAIS UN POINTILLÉ DANS LE DOS!

SADIQUE!...
CESSEZ DE RÂLER! VOUS ALLEZ VOUS FAIRE REMARQUER!
SADIQUE QUAND MÊME!

21B

CRÎÎÎP
CRÎÎÎP

BON DIEU, C'EST DU PLOMB QU'IL YA LÀ-DEDANS!
CRÎÎÎP
CRÎÎÎP

OUAAHH!

BLAM
BLAM

LÀ, POUR UNE FOIS, JE SUIS D'ACCORD AVEC LUI!... DES SURPRISES COMME CELLE-LÀ, ÇA VOUS EN FICHE UN COUP!...
CLAC CLACLAC CLAC
22A.

TOUBIB!
IL NOUS FAUT DE L'EAU À TOUT PRIX, OU NOUS Y PASSERONS TOUS!

IL A RAISON, BLUTCH!... OÙ SONT LES CHEVAUX?...
...DERRIÈRE LA GRANGE!

VENEZ, IL N'Y A PAS UNE SECONDE À PERDRE!
C'EST PAS VRAI! MAIS C'EST PAS VRAI!...
PAF

...ET N'OUBLIEZ PAS!... TIREZ SUR TOUT CE QUI BOUGE!...
CRÎÎÎP
CRÎÎÎP
22B.

ATTENTION! LÀ!...

ÇA VA, TOUBIB?.
ÇA VA!

BLUTCH, OCCUPEZ-VOUS DE FAIRE BOIRE LES CHEVAUX!
BEN... ET VOUS?!...
23A.

NE VOUS INQUIÉTEZ PAS POUR MOI!... JE LES TIENS À L'OEIL!...
ON NE POURRAIT PAS ÊTRE PLUS RASSURÉ!...
BANG
KLING TCHING KLING

DITES CARRÉMENT QUE JE LOUCHE, MINABLE!!...
MOI?!... OH NOON!... MAIS CONTINUEZ À TIRER EN L'AIR!... ON NE SAIT JAMAIS!

...ET UN PEU PLUS TARD.
ÇA Y EST, SERGENT!...
O.K.!... BLUTCH, RENTREZ LES CHEVAUX!... JE CONTINUE À VOUS COUVRIR!...
PFFF... PFFF... VOUS ÊTES TROP BON, SSS... SERGENT!

HUUYOOO!... FAUT DÉGAGER, MES JOLIES!... AVEC UN TIREUR COMME ÇA À PROXIMITÉ, VOUS SEREZ PLUS EN SÉCURITÉ À L'INTÉRIEUR!
BANG
23B.

ÇA Y EST ?
ÇA Y EST !

LA PORTE, TOUBIB !... VITE !

SLAM
BANG
BANG
TCHAC
TCHAC
TCHAC
TCHAC
TCHAC
BANG

OUF !... ENFIN ON VA POUVOIR SOUFFLER UN PEU !...
JE VAIS EN PROFITER POUR RENOUVELER VOS PANSEMENTS !...

VOUS, OUVREZ BIEN VOS PETITS YEUX GLAUQUES ! VOUS ALLEZ POUVOIR CONTEMPLER CE QUE DOIT ÊTRE EN PRINCIPE LE TORSE CHAUD ET MUSCLÉ DE TOUT SOLDAT QUI SE RESPECTE, PEAU DE BÉBÉ !...
JE N'EN PERDRAI PAS UNE MIETTE, SERGENT !... JE LE JURE !...
24A.

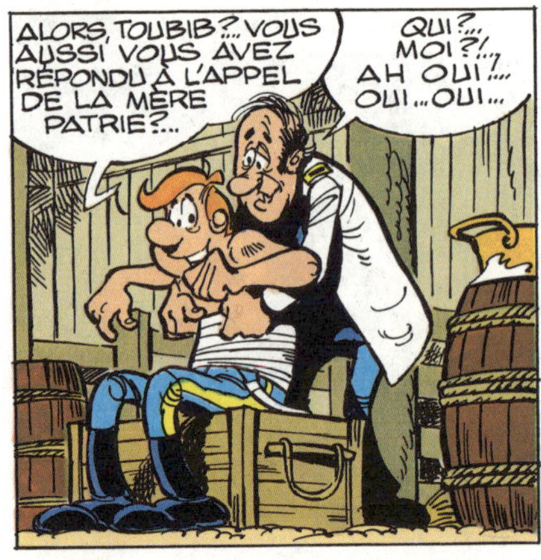
ALORS, TOUBIB ?... VOUS AUSSI VOUS AVEZ RÉPONDU À L'APPEL DE LA MÈRE PATRIE ?...
QUI ?... MOI ?... AH OUI !... OUI... OUI...

ON A SENTI LA PATRIE MENACÉE ET ON A PRIS LES ARMES !... BRAVO, TOUBIB ! J'AIME DES GENS COMME VOUS... ET MOI !...
PAS TOUT À FAIT !

COMMENT ÇA, PAS TOUT À FAIT ?!... VOUS VOUS ÊTES ENGAGÉ, TOUT DE MÊME ?!...
OUI... MAIS COMME MÉDECIN !... CE N'EST PAS PAREIL !

MAIS SI, VOYONS... C'EST PAREIL !... EXCEPTÉ QUE VOUS MANIEZ LE COUTEAU, LES PINCES ET LA SCIE À LA PLACE D'UN FUSIL, VOILÀ TOUT !... VOUS VOULIEZ SERVIR VOTRE PAYS, NON ?...
BEN OUI... MAIS EN MÊME TEMPS !...

JE VAIS VOUS EXPLIQUER... J'AI FAIT MES ÉTUDES DE MÉDECIN, SEULEMENT, SORTI DE L'ÉCOLE, IL ME MANQUAIT LA PRATIQUE... ALORS, J'AI PRIS UN ENGAGEMENT DANS L'ARMÉE, HISTOIRE DE ME FAIRE LA MAIN !
VOUS COMPRENEZ ?...
EUH...
24B.

ON VOIT BIEN QUE VOUS NE CONNAISSEZ PAS LES CIVILS !... ILS NE FONT JAMAIS CONFIANCE AUX NOUVEAUX... IL LEUR FAUT DES HOMMES D'EXPÉRIENCE...

PERMETTEZ...
... ET POUR CE QUI EST D'ACQUÉRIR DE L'EXPÉRIENCE, CROYEZ-MOI, LA GUERRE EST UNE VÉRITABLE AUBAINE AVEC DES AVANTAGES SÉRIEUX !...
AH OUI ?... LESQUELS ?...

...SI VOUS RATEZ VOTRE COUP ET QUE LE PATIENT MEURT, ÇA NE SE REMARQUE PAS TROP... IL Y EN A DES TAS D'AUTRES QUI SUIVENT !
...TANDIS QUE DANS LE CIVIL, SI VOUS ADDITIONNEZ VOS ÉCHECS, VOUS PERDEZ VOTRE CLIENTÈLE !...

MAIS ALORS... VOUS VOUS SERVEZ DE NOUS COMME COBAYES ?...
...DE MOINS EN MOINS !... VOILÀ SIX MOIS QUE J'EXERCE, VOUS SAVEZ !... LES ÉCHECS COMMENCENT À SE RARÉFIER !
NE BOUGEZ PAS !...

BLUTCH !... AU LIEU DE RIGOLER COMME UNE ANDOUILLE, ALLEZ PLUTÔT VOIR COMMENT SE PORTE STARK !...
OUAAAH HA HA HA HA HA
25A

À...SNOK... SNOK... À VOTRE SERVICE, SE...SERGENT !

GRBLMZ...

AGNÂÂÂ AGNÂÂÂÂ ARG...ERG AGNAGNA
!?
IL SE PORTE BIEN, SERGENT !
25B

À L'AUBE...
HO HO

?!
SILK & LACE
DRESS

QU'EST-CE QUE ÇA VEUT DIRE?...
JE L'IGNORE!... EN TOUT CAS, ILS ONT L'AIR JOYEUX!... TROP MÊME!... ÇA M'INQUIÈTE!...

MAIS... MAIS ILS SE PRÉPARENT À QUITTER LA VILLE!...
JE N'AIME PAS ÇA!...
26A.

IL FAUT ABSOLUMENT SAVOIR CE QUI SE TRAME!... JE DÉTESTE LES POCHETTES SURPRISES!...
COMMENT ALLEZ-VOUS FAIRE?... VOUS ALLEZ LE LEUR DEMANDER?...

JE VAIS ESSAYER DE LES APPROCHER. EN CAS DE PÉPIN, N'HÉSITEZ PAS À TIRER!...
MAIS CE SONT DES VIEILLARDS ET DES ENFANTS!...

CEUX QUI PORTENT UN FUSIL N'ONT PAS D'ÂGE!... VOUS TIREREZ!! C'EST UN ORDRE!...

VOUS N'ALLEZ PAS FAIRE ÇA!?...
EN CAS DE PÉPIN, TIREZ!... C'EST UN ORDRE!... VOUS L'AVEZ ENTENDU, TOUBIB?...

DONC JE TIRERAI!... MAIS SUR QUI!?... VOILÀ LE PROBLÈME!...

26B.

ILS SERONT LÀ DANS MOINS DE DEUX HEURES, D'APRÈS HORACE!...
NOUS ATTENDRONS LA FIN DE LA BATAILLE DANS LES COLLINES!...

TU NE CROIS PAS QU'IL RISQUE D'Y AVOIR BEAUCOUP DE DÉGÂTS?...
TOUT PLUTÔT QUE DE VOIR CES SALES YANKEES POLLUER NOTRE VILLE!... D'AILLEURS JE SUIS CERTAIN QUE LES NÔTRES N'EN FERONT QU'UNE BOUCHÉE!...
PTUIT

CE SOIR, NOUS AURONS REGAGNÉ NOS PÉNATES!
DIEU T'ENTENDE, ARTHUR!
EN AVANT!

OÙ QU'ON VA, DIS, MAMAN?...
...FAIRE UN PIQUE-NIQUE!
OH BEN CHOUETTE, ALORS!
HÉ, HAROLD!... COMBIEN AS-TU DIT QU'ILS SERAIENT?
QUI ÇA?
...NOS GARS!
27A.

LE COMMANDANT, IL A DIT CINQUANTE!... IL A DIT AUSSI QUE C'EST TOUT CE QUI LUI RESTAIT EN ÉTAT DEPUIS LA DERNIÈRE BATAILLE!...
FICHUE GUERRE!
TCHOMP

BON SANG!... JE COMPRENDS TOUT!... ILS ONT ENVOYÉ CE @☆!☆✲ DE GOSSE AVERTIR LES LEURS DE NOTRE PRÉSENCE ICI!... SI ON VEUT S'EN SORTIR, IL N'Y A PAS UN INSTANT À PERDRE!...

HA! HA! HA! HA! FAIS TA PRIÈRE, SALE YANKEE!

GNNGNN PFFF GNÈGNGN..

GNNNN RÂÂOUMPH...
...À CET ÂGE-LÀ, LE RHUMATISME DANS LES DOIGTS, ÇA NE PARDONNE PAS!...
27B.

ALORS?
TOUBIB, CHARGEZ LES BLESSÉS DANS LES CHARIOTS!... VITE!...

TOUBIB, ÉCOUTEZ-MOI BIEN..... DANS MOINS DE DEUX HEURES, LES CONFÉDÉRÉS SERONT ICI!... VOUS COMPRENEZ CE QUE CELA VEUT DIRE?...
MAIS VOUS SAVEZ BIEN QUE C'EST IMPOSSIBLE!

MAIS ILS NE TIRERONT PAS SUR LES BLESSÉS!
OH NON!... ILS LES EMMÈNERONT DANS LEURS CAMPS OÙ, S'ILS NE MEURENT PAS PAR MANQUE DE SOINS, ILS PÉRIRONT DE FAIM!... C'EST ÇA QUE VOUS VOULEZ?!...

BLUTCH, DONNEZ-LUI UN COUP DE MAIN!... JE M'OCCUPE DES CHEVAUX!...
MAIS...
INUTILE DE DISCUTER, TOUBIB!... POUR UNE FOIS IL A RAISON!...
28A

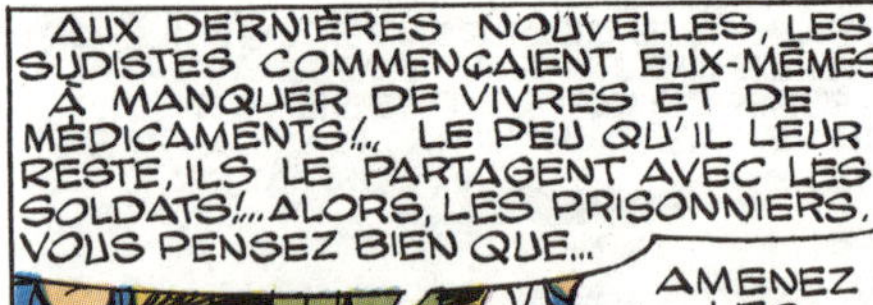
AUX DERNIÈRES NOUVELLES, LES SUDISTES COMMENÇAIENT EUX-MÊMES À MANQUER DE VIVRES ET DE MÉDICAMENTS!... LE PEU QU'IL LEUR RESTE, ILS LE PARTAGENT AVEC LES SOLDATS!... ALORS, LES PRISONNIERS, VOUS PENSEZ BIEN QUE...

AMENEZ LES CHARIOTS!

ET BIENTÔT...
TOUT EST PRÊT, SERGENT!
O.K.! ALLEZ-Y, TOUBIB... ET BONNE CHANCE!
QUOI?! MAIS... ET VOUS?...
US ARMY

NOUS ALLONS ESSAYER DE LES RETENIR LE PLUS LONGTEMPS POSSIBLE!... APRÈS, ON VERRA!...
ON NE VERRA PLUS RIEN DU TOUT, OUI!...

RIEN NE VOUS EMPÊCHE DE L'ACCOMPAGNER, BLUTCH!... JE SAURAI BIEN ME DÉBROUILLER SEUL!...
ÇA, ÇA M'ÉTONNERAIT!... VOYEZ-VOUS, SERGENT, JE ME SUIS DÉCIDÉ UNE FOIS POUR TOUTES À LIER MA VIE À LA VÔTRE POUR LE MEILLEUR ET POUR LE PIRE!... ET POURTANT, CROYEZ-MOI, JE N'AI PAS ÉTÉ GÂTÉ!...
28B

DANS LE FOND, SANS OSER VOUS L'AVOUER, VOUS M'AIMEZ BIEN... PAS VRAI?...
OUAIP!...AVEC UNE BONNE SAUCE BÉCHAMEL ET DES HARICOTS VERTS!..

CETTE ROUTE A L'AIR D'ÊTRE L'UNIQUE ACCÈS AU VILLAGE!... ON VA SE POSTER ICI!...
AINSI, VOILÀ DONC L'ENDROIT OÙ MON ÂME DROITE ET PURE VA QUITTER MON PETIT CORPS DOUILLET!...

QU'EST-CE QUE VOUS MARMONNEZ ENTRE VOS DENTS, IMBÉCILE?...
JE NE MARMONNE PAS... JE PRIE!...

EH BIEN! CESSEZ DE PRIER ET DESCENDEZ DE LÀ! ÇA IRA COMME ÇA!
VOUS PERMETTEZ AU MOINS QUE JE CONSOLIDE?!... JE NE SUIS PAS PRESSÉ D'Y PASSER, MOI!...
29A.

GROCERIES
À PRÉSENT, IL N'Y A PLUS QU'À ATTENDRE!
J'ESPÈRE QU'ILS NE TARDERONT PAS TROP!..

!

BLUTCH!... ÇA Y EST!... LES VOILÀ!...
MMMM?
29B.

CATTLE FEED
& CO
BUTCHER
30A.

QU'EST-CE QU'ILS FONT?!.. POURQUOI NE CHARGENT-ILS PAS?...
ILS ONT L'AIR DE SE CONCERTER!...

SI ÇA AVAIT ÉTÉ STARK, IL N'Y AURAIT PAS EU DE CONCERTATION!.. IL AURAIT FONCÉ DE SUITE!...
CHAQUE ARMÉE A SES MÉTHODES!... MAIS... QUE!?

LE DRAPEAU BLANC!... ILS VEULENT PARLEMENTER!...
ILS SE CONCERTENT, ILS PARLEMENTENT... QUELLE PERTE DE TEMPS!... STARK, LUI.....

LAISSEZ STARK EN DEHORS DE TOUT ÇA!... IL EST LOIN À PRÉSENT!
CIEL!... QUE VOUS ÊTES NERVEUX! EH BEN, ÇA PROMET!...

TAISEZ-VOUS, BLUTCH! TAISEZ-VOUS!
HOOO!
30B

NOUS VOUDRIONS PARLER À L'OFFICIER SUPÉRIEUR QUI COMMANDE VOTRE DÉTACHEMENT...
C'EST... C'EST MOI...

NOUS SAVONS QUE VOUS ÊTES PEU NOMBREUX ET QUE PARMI VOUS, IL Y A BEAUCOUP DE BLESSÉS..... INUTILE DE FAIRE COULER VOTRE SANG INUTILEMENT!... RENDEZ-VOUS!
DES PRUNES!
À VOTRE PLACE, JE RESTERAIS POLI, SERGENT! ON HÉSITE TOUJOURS À MASSACRER DES GENS BIEN ÉLEVÉS!...

NOUS ADMIRONS VOTRE COURAGE, MAIS VOTRE SACRIFICE NE SERVIRA À RIEN!... NE SOYEZ DONC PAS STUPIDES!...
J'AI DIT: DES PRUNES!...
SERGENT, VOUS ALLEZ FINIR PAR L'ÉNERVER!...

TRÈS BIEN!... COMME VOUS VOUDREZ!... QUE DIEU VOUS VIENNE EN AIDE!...
AMEN!
BLUTCH!
31A.

PRÉPAREZ-VOUS, À PRÉSENT... ÇA NE VA PLUS TARDER!...
RIES

ADIEU, MON PAUVRE VIEUX!
RENDEZ-VOUS CHEZ SAINT PIERRE, SERGENT! LE PREMIER ARRIVÉ TIENT LA PLACE DE L'AUTRE!

31B.

CHAARGEEZ!

PAW
PAW

PAW
PAW
32A

PAW
PAW
EN ARRIÈRE!!

ILS SE REPLIENT! ILS SE REPLIENT, BLUTCH!...
OUAIS, MAIS POUR COMBIEN DE TEMPS?!...
GROCERIES
32B

VOUS SAVEZ À QUOI JE PENSE?... LA CAVALERIE EN RASE CAMPAGNE, C'EST EFFICACE, MAIS POUR LES COMBATS DE RUE, ELLE NE VAUT PAS UN CLOU!...
ENTIÈREMENT D'ACCORD AVEC VOUS, SERGENT!... LE MALHEUR, C'EST QU'ILS VIENNENT CERTAINEMENT DE S'EN APERCEVOIR ET QU'ILS VONT ESSAYER DE TROUVER AUTRE CHOSE!...

BAH! ÇA NOUS PERMETTRA DE SOUFFLER UN PEU...

33A

JE ME DEMANDE CE QU'ILS MIJOTENT!
JE NE SUIS PAS TELLEMENT PRESSÉ DE LE SAVOIR!

!
CRRRR

BLUTCH! REGARDEZ!
?!

!?
GROCERIES
33B

TIREZ-LEUR DANS LES PIEDS, BLUTCH ! SINON, NOUS SOMMES FICHUS !...
... ET QU'EST-CE QUE VOUS CROYEZ QUE JE FAIS ?!...
PAW
PAW

RIEN À FAIRE !... ILS AVANCENT TOUJOURS !...
PAW
PAW

FCHHHHH
BROOOM
34A

KRAAK

?!?
34B

MALÉDICTION!... OÙ SONT-ILS PASSÉS!?..

LÀ!
NE TIREZ PAS!... JE LES VEUX VIVANTS!...
PAINTS OILS

CETTE FOIS-CI, NOUS SOMMES CUITS!...
J'EN AI BIEN L'IMPRESSION!...

RENDEZ-VOUS!
DES PÊCHES!
DES PRUNES! BLUTCH!... DES PRUNES!...
35A.

LES IMBÉCILES!... C'EST BON... ABATTEZ-LES!... QU'ON EN FINISSE!...
À VOS ORDRES!
PAPERHANGING
35B.

ÉCARTEZ- VOUS! ÉCARTEZ- VOUS!
TARATATA
?!

QUI VOUS A DONNÉ L'ORDRE DE SONNER LA CHARGE, TRIPLE BUSE!?
MAIS... MAIS CE N'EST PAS MOI, MON CAPITAINE!...

CHAAAARGEEEEEEEZ!...
MAIS... MAIS...
36A

QU'EST-CE QUE VOUS ATTENDEZ POUR SONNER LA RETRAITE!?...QUE JE LE FASSE À VOTRE PLACE?!...

BLUTCH, PINCEZ-MOI... JE RÊVE!...

TATARAATAARATATA
BING
COUÉÉT...
36B

INCROYABLE!... MAIS COMMENT ONT-ILS PU?!...
HÉ, SERGENT... REGARDEZ!

L'INCENDIE S'EST PROPAGÉ AUX MAISONS!

CEPENDANT...
VOUS CROYEZ QUE ÇA VA ENCORE DURER LONGTEMPS?...
MAIS NON, VOYONS!... D'AILLEURS, ÉCOUTEZ... ON DIRAIT QUE LE NOMBRE DE COUPS DE FEU DIMINUE...
...UNE QUESTION D'HEURES, TOUT AU PLUS!

CRÉBONSANGDVINDJOU!...
?!??
!!?¿?¿?
37A.

ILS ONT FICHU LE FEU À NOS BICOQUES!...
QUOI?!
...MAIS C'EST HORRIBLE!

QU'ALLONS-NOUS DEVENIR?!
IL FAUT ALLER VOIR CE QUI SE PASSE, ET VITE!... EN VOITURE, TOUT LE MONDE!...

YA! YAAAA!
YEEE HUUUU
37B.

BON DIEU!... TOUTE LA VILLE VA Y PASSER!...
CE SONT EUX QUI L'ONT INCENDIÉE, NON?!...

HA! VOUS VOILÀ!...
TOUBIB!... MAIS QU'EST-CE QUI S'EST PASSÉ?!...

QUELQUES INSTANTS APRÈS NOTRE DÉPART, LE CAPITAINE STARK EST REVENU À LUI... IL M'A DEMANDÉ OÙ IL ÉTAIT ET CE QUI LUI ÉTAIT ARRIVÉ!...
...ET ALORS?...
38A

ALORS?!... BEN... QUE VOULEZ-VOUS QUE JE FASSE?!... JE LUI AI TOUT EXPLIQUÉ... ET QUAND IL A APPRIS OÙ VOUS VOUS TROUVIEZ, IL A OBLIGÉ TOUT LE MONDE À MONTER À CHEVAL POUR VENIR VOUS SAUVER!
OUAIS!... ET JE DOIS AVOUER QU'IL EST ARRIVÉ JUSTE À TEMPS!...

L'EFFET DE SURPRISE A ÉTÉ COMPLET CHEZ LES CONFÉDÉRÉS, MAIS À PRÉSENT, ILS SE SONT RESSAISIS!... J'AI BIEN PEUR QUE LES NÔTRES NE FASSENT PLUS LE POIDS DANS QUELQUES MINUTES... SURTOUT DANS L'ÉTAT OÙ ILS SONT!...

VENEZ, BLUTCH... ON VA ALLER LEUR PRÊTER MAIN-FORTE!... ON LEUR DOIT BIEN ÇA!...
VOUS N'AURIEZ PAS UN FUSIL?...
D'ACCORD AVEC VOUS, SERGENT!...

38B

39A

HAALTE!

ET ÇA?...QU'EST-CE QUE C'EST!?...

QU'EST-CE QUI VOUS PREND?!... VOUS ÊTES FOUS?!... RETOURNEZ DANS LES COLLINES, NOUS EN AVONS PRESQUE TERMINÉ!
SAVEZ-VOUS CE QUI SE PASSERA PENDANT QUE VOUS CONTINUEREZ À FAIRE L'IMBÉCILE ENTRE VOUS!...

EUH...
NOTRE VILLAGE CONTINUERA À BRÛLER, ET QUAND TOUT SERA TERMINÉ, ON N'AURA PLUS QU'À SE LOGER DANS DES TAS DE CENDRES ET DE RUINES CALCINÉES!...
39B

... À MOINS QUE VOUS NOUS PRÊTIEZ VOS TENTES POUR LOGER NOS FAMILLES...
MAIS ENFIN, VOUS N'Y PENSEZ PAS!... CES TENTES SONT LA PROPRIÉTÉ DE L'ARMÉE!!... OÙ LOGERIONS-NOUS NOS SOLDATS?!...
C'EST BIEN CE QUE JE PENSAIS!

EN AVANT, TOUT LE MONDE!...
?!

MAIS...? MAIS...?
40A.

RAMASSEZ TOUS LES RÉCIPIENTS QUE VOUS POURREZ TROUVER!... SEAUX, BROCS, GAMELLES,... VITE!...

EUH... QU'EST-CE QU'ON FAIT, MON CAPITAINE?
QU'EST-CE QUE VOUS VOULEZ QU'ON FASSE!?... ON NE PEUT PAS LEUR TIRER DESSUS, QUAND MÊME!...

ON PEUT ATTENDRE QU'ILS AIENT FINI...
ÇA RISQUE DE DURER LONGTEMPS... VOUS NE CROYEZ PAS?...

NON!... NOOON!... CE N'EST PAS VRAI!?... BLUTCH, JE RÊVE... DITES-MOI QUE JE RÊVE!...
ALORS, ON RÊVE TOUS LES DEUX, SERGENT!...
40B.

ALORS?! QU'EST-CE QUE VOUS ATTENDEZ, BANDE DE FAINÉANTS?!... QU'ON VOUS BOTTE LE TRAIN?!...
41A

UNE BONNE FOIS POUR TOUTES, CESSEZ DE DIRE "S'IL VOUS PLAÎT, MON CAPITAINE", "MERCI, MON CAPITAINE"!... POUR L'INSTANT, IL N'Y A PLUS DE CAPITAINE!... IL N'Y A PLUS QU'UN POMPIER!...
BIEN, MON CAPITAINE!

S'IL VOUS PLAÎT, SERGENT!
NE FAITES PAS L'IMBÉCILE, BLUTCH!... VOUS AVEZ ENTENDU... POUR L'INSTANT, LES GRADES NE COMPTENT PLUS!...
FCHHH

AH BON!
SPLATCH

JE CROYAIS AVOIR MAL ENTENDU!
41B

BEAUCOUP PLUS TARD...
PFFIOUUU! C'EST TERMINÉ!
ÇA N'A PAS ÉTÉ SANS MAL!

ALORS, MON BRAVE... L'INCENDIE EST ÉTEINT... VOUS ÊTES SATISFAIT, MAINTENANT?...
...D'UN CÔTÉ, OUI... MAIS LES DÉGÂTS SONT ÉNORMES!... IL NOUS FAUDRA DES MOIS, DES ANNÉES POUR REBÂTIR TOUT ÇA!...

...DES ANNÉES?!... ÇA ME PARAÎT BEAUCOUP!... VOUS NE TROUVEZ PAS?...
VOUS SEMBLEZ OUBLIER QUE TOUS NOS GENS CAPABLES DE SE SERVIR D'UN FUSIL SE SONT ENRÔLÉS DANS VOS ARMÉES, MILITAIRE!
42A

DANS CE VILLAGE, IL N'Y A QUE DES ENFANTS, DES FEMMES ET DE VIEUX HIBOUX COMME MOI!... ALORS, VOUS VOYEZ...

JE ME DEMANDE PARFOIS S'ILS N'EXAGÈRENT PAS UN PEU!...
VOUS TROUVEZ?!... EN TOUT CAS, JE PRÉFÈRE ME RETROUVER ICI QU'À ESSAYER DE ME FAUFILER ENTRE DES BOULETS DE CANON, PAS VOUS?...

REGARDEZ CES DEUX-LÀ... ON DIRAIT LES MEILLEURS COPAINS DU MONDE!...
NE SOYEZ PAS DUPE!... ILS N'ARRÊTENT PAS DE DISCUTER DE LEURS PLUS BELLES CHARGES!...

BAH!... EN TEMPS DE PAIX, ÇA N'A JAMAIS FAIT DE MAL À PERSONNE!

WOOUÛÛÛÛ
?!
42B

WHAM

WHOUUUUUU
MAIS... MAIS...

LES YANKEES ATTAQUENT PAR L'OUEST, SIR !...
HEIN !?...
CAPITAINE, L'ARMÉE CONFÉDÉRÉE NOUS TOMBE DESSUS PAR L'EST !
QUOI !?...

CAVALIERS, À VOS MONTURES !...
43A

WHOOUUUUU
BEN... ET NOUS ?...

WHAM

TOUT LE MONDE AUX CHARIOTS ! VIÎÎTE !...
...PAS TROP DE MAL, PAPA ?...

LE VILLAGE !... IL BRÛLE À NOUVEAU !
OUAIP !... ET CETTE FOIS, CE SERA PLUTÔT DUR DE LE RECONSTRUIRE, CROIS-MOI !...
FICHUE GUERRE !...
43B

CEPENDANT...
MON GÉNÉRAL... DES CAVALIERS!... ILS VIENNENT VERS NOUS!...
QUOI?!...

MAIS C'EST... C'EST STARK?!
!

DITES-MOI, ALEXANDER... VOUS M'AVIEZ POURTANT AFFIRMÉ QUE LE VINGT-DEUXIÈME ÉTAIT ANÉANTI?...
EUH... JE LE CROYAIS AUSSI!

'SCUSEZ, MON GÉNÉRAL... J'VOUDRAIS PAS VOUS DÉRANGER, MAIS ON LEUR TIRE DESSUS OU QUOI?!... ILS FONCENT SUR NOUS!
COMMENT, ÇA, ILS FONCENT SUR NOUS!?...

CHAAARGEEZ!...
TIREZ!... MAIS TIREZ DONC!
QU'EST-CE QUE JE VOUS DISAIS?...
AH BON!
44A.

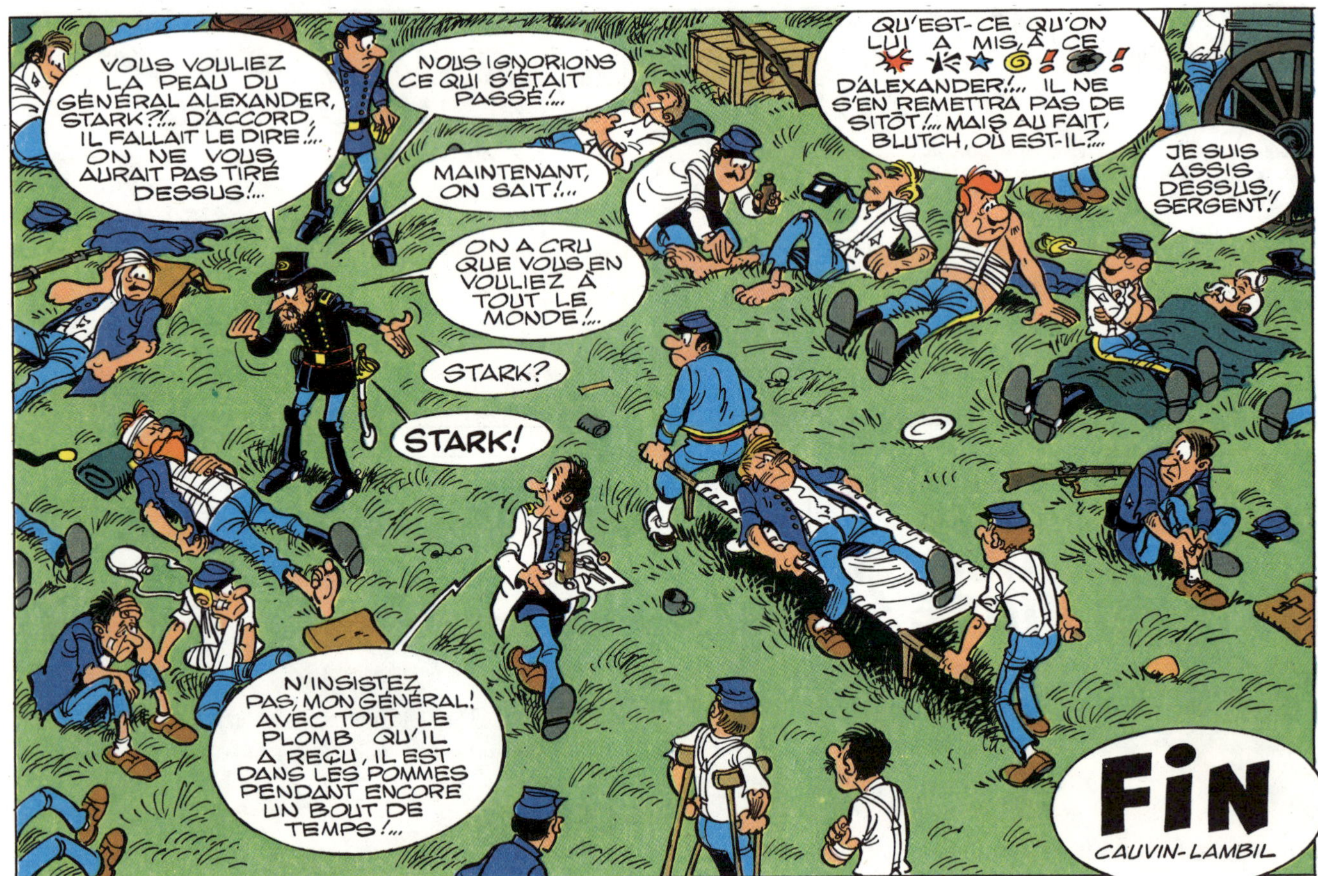
VOUS VOULIEZ LA PEAU DU GÉNÉRAL ALEXANDER, STARK?!... D'ACCORD, IL FALLAIT LE DIRE!... ON NE VOUS AURAIT PAS TIRÉ DESSUS!...
NOUS IGNORIONS CE QUI S'ÉTAIT PASSÉ!...
MAINTENANT, ON SAIT!...
ON A CRU QUE VOUS EN VOULIEZ À TOUT LE MONDE!...
STARK?
STARK!
QU'EST-CE QU'ON LUI A MIS, À CE ... ! ! D'ALEXANDER!... IL NE S'EN REMETTRA PAS DE SITÔT!... MAIS AU FAIT, BLUTCH, OÙ EST-IL?...
JE SUIS ASSIS DESSUS, SERGENT!
N'INSISTEZ PAS, MON GÉNÉRAL! AVEC TOUT LE PLOMB QU'IL A REÇU, IL EST DANS LES POMMES PENDANT ENCORE UN BOUT DE TEMPS!...
FIN
CAUVIN-LAMBIL

Les albums du journal Spirou

AGENT 212

1. 24 heures sur 24
2. Au nom de la loi
3. Sens interdit
4. Voie sans issue

ARCHIE CASH

1. Le maître de l'épouvante
2. Le carnaval des zombies
3. Le déserteur de Toro-Toro
4. Un train d'enfer
5. Cibles pour Long-Thi
6. Où règnent les rats
7. Le démon aux cheveux d'ange
8. Asphalte
9. Le cagoulard aux yeux rouges

LES BAROUDEURS SANS FRONTIERES

1. A l'ouest des lagunes
2. Harambee !

BENOIT BRISEFER

1. Les taxis rouges
2. Madame Adolphine
3. Les douze travaux de Benoît Brisefer
4. Tonton Placide
5. Le cirque Bodoni
6. Lady d'Olphine
7. Le fétiche

BIDOUILLE ET VIOLETTE

1. Les premiers mots
2. Les jours sombres
3. La reine des glaces

BOBO

1. Bobo prend l'air
2. Bobo prend la mer
3. Bobo comic's troupier
4. Un sac en cavale
5. Destination Lune
6. L'homme-obus

BOULE ET BILL

60 gags de Boule et Bill 1
60 gags de Boule et Bill 2
60 gags de Boule et Bill 3
60 gags de Boule et Bill 4
60 gags de Boule et Bill 5
60 gags de Boule et Bill 6
60 gags de Boule et Bill 7
8. Papa, maman, Boule et... moi
9. Une vie de chien
10. Attention, chien marrant !
11. Jeux de Bill
12. Ce coquin de cocker
13. Carnet de Bill
14. Ras le Bill !
15. Bill, nom d'un chien !
16. Souvenirs de famille
17. Tu te rappelles, Bill ?
18. Bill est maboul !
19. Globe-trotters
20. Strip cocker

BUCK DANNY

1. Les Japs attaquent
2. Les mystères de Midway
3. La revanche des Fils du Ciel
4. Les Tigres volants
5. Dans les griffes du Dragon Noir
6. Attaque en Birmanie
7. Les trafiquants de la mer Rouge
8. Les pirates du désert
9. Les gangsters du pétrole
10. Pilotes d'essai
11. Ciel de Corée
12. Avions sans pilotes
13. Un avion n'est pas rentré
14. Patrouille à l'aube
15. NC 22654 ne répond plus
16. Menace au Nord
17. Buck Danny contre Lady X
18. Alerte en Malaisie
19. Le Tigre de Malaisie
20. S.O.S. soucoupes volantes
21. Un prototype a disparu
22. Top secret
23. Mission vers la vallée perdue
24. Prototype FX 13
25. Escadrille ZZ
26. Le retour des Tigres Volants
27. Les Tigres Volants à la rescousse
28. Tigres Volants contre pirates
29. Opération Mercury
30. Les voleurs de satellites
31. X-15
32. Alerte à Cap Kennedy
33. Le mystère des avions fantômes
34. Alerte atomique
35. L'escadrille de la mort
36. Les Anges bleus
37. Le pilote au masque de cuir
38. La vallée de la mort verte
39. Requins en mer de Chine
40. Ghost Queen

Hors collection :
Tarawa, atoll sanglant, 1re partie
Tarawa, atoll sanglant, 2e partie

Albums cartonnés / papier supérieur
Tout Buck Danny 1* (1-2-3)
Tout Buck Danny 2* (4-5-6)
Tout Buck Danny 3* (7-8-9)

CARTE BLANCHE

1. Arnest Ringard
2. Bouldaldar et Colegram
3. Les grandes amours contrariées
4. Le pinceau de cristal
5. L'épave et les millions
6. Le pays de Guélem
7. Le dragon vert
8. Les farfeluosités

LES CENTAURES AURORE ET ULYSSE

1. La porte du néant
2. Le loup à deux têtes
3. L'Odyssée

DOCTEUR POCHE

1. Il est minuit, Docteur Poche
2. L'île des hommes-papillons
3. Karabouilla et les belles vacances
4. La planète des chats
5. Le géant qui posait des questions

DUPUIS-AVENTURES

1. Couleur café (Lloyd)
2. Un duel dans une guitare (Blue Bird)
3. Twiggy dans la souricière (Blue Bird)

FRANKA

1. Le musée du crime
2. L'œuvre d'art
3. Drôle de cirque

GASTON LAGAFFE

R1. Gala de gaffes à gogo
R2. Le bureau des gaffes en gros
R3. Gare aux gaffes du gars gonflé
R4. En direct de Lagaffe
6. Des gaffes et des dégâts
7. Un gaffeur sachant gaffer
8. Lagaffe nous gâte
9. Le cas Lagaffe
10. Le géant de la gaffe
11. Gaffes, bévues et boulettes
12. Le gang des gaffeurs
13. Lagaffe mérite des baffes
14. La saga des gaffes

GENIAL OLIVIER

1. L'école en folie
2. Le génie et sa génération
3. Génie, vidi, vici
4. Un généreux génie gêné
5. Le génie se surpasse
6. Un ingénieux ingénieur génial
7. Le passé recomposé
8. Electrons, molécules et pensums
9. L'électron et le blason
10. Un génie ingénu
11. Génie, péripéties et facéties
12. Un génie est chez nous

GERMAIN

1. Qu'est-ce qu'on fait ?
2. C'est pas bientôt fini, ce silence ?
3. Vous trouvez ça bon ?
4. C'est pour la vie ?
5. Germain et nous...

GIL JOURDAN

1. Libellule s'évade
2. Popaïne et vieux tableaux
3. La voiture immergée
4. Les cargos du crépuscule
5. L'enfer de Xique-Xique
6. Surboum pour 4 roues
7. Les moines rouges
8. Les 3 taches
9. Le gant à 3 doigts
10. Le Chinois à deux roues
11. Chaud et froid
12. Pâtée explosive
13. Carats en vrac
14. Gil Jourdan et les fantômes
15. Sur la piste d'un 33 tours
16. Entre deux eaux

GINGER

1. Les yeux de feu
2. L'affaire Azinski

GODASSE ET GODAILLE

1. Madame Sans-Gêne
2. Sacré sacre !

HERMANN

1. Hé, Nick ! Tu rêves ?
2. Bonnes nuits, Nic !
3. Ça, c'est Filarmo, Nic !

L'HISTOIRE EN B.D.

1. L'épopée sanglante du Far West
2. Les mystérieux chevaliers du ciel
3. Incroyables aventures d'animaux
4. L'enfer sur mer
5. Les aventuriers du ciel
6. Héroïnes inconnues
7. Godefroi de Bouillon
8. Au cœur des grandes catastrophes
9. Baden-Powell (1re partie)
10. Baden-Powell (2e partie)
11. Surcouf, roi des corsaires (1)
12. Surcouf, corsaire de France (2)
13. Surcouf, terreur des mers (3)
14. Charles de Foucauld

ISABELLE

1. Le tableau enchanté
2. Isabelle et le capitaine
3. Les maléfices de l'oncle Hermès
4. L'astragale de Cassiopée
5. Un empire de dix arpents
6. L'étang des sorciers

JEAN VALHARDI

1. Soleil noir
2. Le gang des diamants
3. Le château maudit
4. L'affaire Barnes
5. Le rayon super-gamma
6. La machine à conquérir le monde
7. Le mauvais œil
8. Le secret de Neptune
9. Rendez-vous sur le Yukon

JERRY SPRING

8. Les 3 barbus de Sonoyta
9. Fort Red Stone
10. Le maître de la sierra
11. La route de Coronado
12. El Zopilote
13. Pancho, hors-la-loi
14. Les broncos du Montana
15. Le loup solitaire
16. La fille du canyon
17. Le grand calumet

JESS LONG

1. Le bouddha écarlate
2. Les ombres du feu
3. La piste sanglante
4. Les masques de mort
5. Il était deux fois dans l'Ouest
6. Grand Canyon
7. La mort jaune
8. L'intimidation

JOHAN ET PIRLOUIT

1. Le châtiment de Basenhau
2. Le maître de Roucybeuf
3. Le lutin du bois aux roches
4. La pierre de lune
5. Le serment des Vikings
6. La source des dieux
7. La flèche noire
8. Le sire de Montrésor
9. La flûte à six schtroumpfs
10. La guerre des sept fontaines
11. L'anneau des Castellac
12. Le pays maudit
13. Le sortilège de Maltrochu

LES JUNGLES PERDUES

1. Le grand safari
2. Chasseurs d'ivoire
3. Le trésor du Kawadji
4. S.O.S. jungle !
5. La saga des gorilles
6. Rapt

LES KROSTONS

1. Ballade pour un Kroston
2. La maison des mutants
3. La vie de château
4. L'héritier

LOU

1. L'héritage de Mortepierre
2. Les pirates
3. Les révolutionnaires
4. La bête noire

LUCKY LUKE

Albums brochés
1. La mine d'or de Dick Digger
2. Rodéo
3. Arizona
4. Sous le ciel de l'Ouest
5. Lucky Luke contre Pat Poker
6. Hors-la-loi
7. L'élixir du docteur Doxey
8. Phil Defer
9. Des rails sur la Prairie
10. Alerte aux Pieds-bleus
11. Lucky Luke contre Joss Jamon
12. Les cousins Dalton
13. Le juge
14. Ruée sur l'Oklahoma
15. L'évasion des Dalton
16. En remontant le Mississippi
17. Sur la piste des Dalton
18. A l'ombre des derricks
19. Les rivaux de Painful Gulch

20. Billy the Kid
21. Les collines noires
22. Les Dalton dans le blizzard
23. Les Dalton courent toujours
24. La caravane
25. La ville fantôme
26. Les Dalton se rachètent
27. Le 20e de Cavalerie
28. L'escorte
29. Des barbelés sur la Prairie
30. Calamity Jane
31. Tortillas pour les Dalton

Albums cartonnés luxe / papier supérieur

Spécial Lucky Luke 1* (1-2-3, 160 p.)
Spécial Lucky Luke 2* (4-5-6, 144 p.)
Spécial Lucky Luke 3* (7-8-9, 144 p.)
Spécial Lucky Luke 4* (10-11-12, 144 p.)
Spécial Lucky Luke 5* (13-14-15, 144 p.)
Spécial Lucky Luke 6* (16-17-18, 144 p.)
Spécial Lucky Luke 7* (19-20-21, 144 p.)
Spécial Lucky Luke 8* (22-23-24, 144 p.)
Spécial Lucky Luke 9* (25-26-27, 144 p.)

MARC DACIER

1. Aventures autour du monde
2. A la poursuite du soleil
3. Au-delà du Pacifique
4. Les secrets de la mer de Corail
5. La main noire
6. L'abominable homme des Andes
7. L'empire du soleil
8. Le péril guette sous la mer
9. Les sept cités de Cibola
10. Les négriers du ciel
11. Chasse à l'homme
12. L'or du « Vent d'Est »
13. Le train fantôme

MARC LEBUT

1. Allegro Ford T
2. L'homme des vieux
3. Balade en Ford T
4. Voisin et Ford T
5. La Ford T dans le vent
13. La Ford T récalcitrante
14. La Ford T fait des bonds

LES MEILLEURS RECITS

1. Contes de Noël
2. Lettres de mon moulin (1)
3. Le Vieux Bleu
4. Mirliton
5. Chronique d'extraterrestres
6. Bonaventure
7. Blanc Casque
8. Lettres de mon moulin (2)
9. Pas de chance pour Bonaventure

MIC MAC ADAM

1. Le tyran de Midnight Cross

NATACHA

1. Natacha, hôtesse de l'air
2. Natacha et le maharadjah
3. La mémoire de métal
4. Un trône pour Natacha
5. Double vol
6. Le treizième apôtre
7. L'hôtesse et Monna Lisa
8. Instantanés pour Caltech
9. Les machines incertaines
10. Une île d'outre-monde

PAPYRUS

1. La momie engloutie
2. Le maître des trois portes
3. Le colosse sans visage
4. Le tombeau du pharaon
5. L'Egyptien blanc
6. Les 4 doigts du dieu Lune

LA PATROUILLE DES CASTORS

1. Le mystère de Grosbois
2. Le disparu de Ker-Aven
3. L'inconnu de la villa Mystère
4. Sur la piste de Mowgli
5. La bouteille à la mer
6. Le trophée de Rochecombe
7. Le secret des monts Tabou
8. Le hameau englouti
9. Le traître sans visage
10. Le signe indien
11. Les loups écarlates
12. Menace en Camargue
13. La couronne cachée
14. Le chaudron du diable
15. L'autobus hanté
16. Le fantôme
17. Le pays de la mort
18. Les démons de la nuit
19. Vingt milliards sous la terre
20. El Demonio
21. Passeport pour le néant
22. Prisonniers du large
23. L'envers du décor
24. Souvenirs d'Elcasino

PAUL FORAN

1. Chantage à la Terre
2. L'ombre du gorille
3. Le mystère du lac

PAUVRE LAMPIL

1. Pauvre Lampil 1
2. Pauvre Lampil 2
3. Pauvre Lampil 3

PECHES DE JEUNESSE

1. L'héritage (Spirou)
2. Radar le robot (Spirou)
3. Blondin et Cirage découvrent les soucoupes volantes
4. Le lac de l'homme mort (Marc Jaguar)
5. Tif et Tondu en Amérique centrale
6. Chaminou et le Khrompire
7. L'ennemi sous la mer (L'Epervier bleu)
8. Vous êtes trop bon ! (Jacky et Célestin)
9. Kamiliola (Blondin et Cirage)
10. L'œil de Kali (Jacques Le Gall)
11. La déesse noire (Jacques Le Gall)
12. L'affaire des bijoux (Félix)
13. Casse-tête chinois (Jacky et Célestin)
14. Bonjour, Bizu !
15. Blondin et Cirage au Mexique
16. Le Chinois est rancunier (Jacky et Célestin)
17. Le nègre blanc (Blondin et Cirage)
18. Du béton dans le désert (Sandy)

LES PETITS HOMMES

1. L'exode
2. Des Petits Hommes au Brontoxique
3. Les guerriers du passé
4. Le lac de l'auto
5. L'œil du Cyclope
6. Le vaisseau fantôme
7. Les ronces du samouraï
8. Du rêve en poudre
9. Le triangle du diable
10. Le peuple des abysses
11. Dans les griffes du Seigneur
12. Le guêpier
13. Les prisonniers du temps
14. Petits Hommes et hommes-singes
15. Mosquito 417

POUSSY

1. Ça, c'est Poussy
2. Faut pas Poussy
3. Poussy Poussa

LA RIBAMBELLE

1. La Ribambelle gagne du terrain
2. La Ribambelle en Ecosse
3. La Ribambelle enquête
4. La Ribambelle contre-attaque

SAMMY

1. Bons vieux pour les gorilles
2. Rhum Row
3. El Presidente
4. Les gorilles marquent des poings
5. Le gorille à huit pattes
6. Les gorilles font les fous
7. Les gorilles au pensionnat
8. Les gorilles et le roi Dollar
9. Les pétroleurs du désert
10. Nuit blanche pour les gorilles
11. Deux histoires de gorilles
12. L'élixir de jeunesse
13. Le grand frisson
14. Les gorilles marquent des buts
15. Les gorilles à Hollywood
16. Ku-Klux-Klan
17. Les bébés flingueurs

LES SCHTROUMPFS

1. Les Schtroumpfs noirs
2. Le Schtroumpfissime
3. La Schtroumpfette
4. L'œuf et les Schtroumpfs
5. Les Schtroumpfs et le Cracoucass
6. Le Cosmoschtroumpf
7. L'apprenti Schtroumpf
8. Histoires de Schtroumpfs
9. Schtroumpf vert et vert Schtroumpf
10. La soupe aux Schtroumpfs
11. Les Schtroumpfs olympiques

LE SCRAMEUSTACHE

1. L'héritier de l'Inca
2. Le magicien de la Grande Ourse
3. Le continent des deux lunes
4. Le totem de l'espace
5. Le fantôme du Cosmos
6. La fugue du Scrameustache
7. Les Galaxiens
8. La menace des Kromoks
9. Le dilemme de Khéna
10. Le prince des Galaxiens
11. Le renégat
12. La saga de Thorgull

SIBYLLINE

1. Sibylline et la betterave
2. Sibylline en danger
3. Sibylline et les abeilles
4. Sibylline et le petit cirque
5. Sibylline s'envole
6. Sibylline et les cravates noires
7. Elixir, le maléfique
8. Burokratz le vampire
9. Le chapeau magique

SOPHIE

1. L'œuf de Karamazout
2. La bulle du silence
3. Les bonheurs de Sophie (1)
4. Qui fait peur à Zoé ?
5. Le rayon Kâ
6. La maison d'en face
7. Sophie et le cube qui parle
8. Les bonheurs de Sophie (2)
9. La tiare de Matlotl Halatomatl
10. Sophie et le douanier Rousseau
11. Sophie et le souffle du dragon
12. Cette sacrée Sophie
13. Sophie et les 4 saisons
14. Sophie et l'inspecteur Céleste
15. Sophie et Donald Mac Donald
16. Rétro Sophie

SPIROU ET FANTASIO

1. Quatre aventures de Spirou et Fantasio
2. Il y a un sorcier à Champignac
3. Les chapeaux noirs
4. Spirou et les héritiers
5. Les voleurs de Marsupilami
6. La corne de rhinocéros
7. Le dictateur et le champignon
8. La mauvaise tête
9. Le repaire de la murène
10. Les pirates du silence
11. Le gorille a bonne mine
12. Le nid des marsupilamis
13. Le voyageur du Mésozoïque
14. Le prisonnier du bouddha
15. Z comme Zorglub
16. L'ombre du Z
17. Spirou et les hommes-bulles
18. QRN sur Bretzelburg
19. Panade à Champignac
20. Le faiseur d'or
21. Du glucose pour Noémie
22. L'abbaye truquée
23. Tora-Torapa
24. Tembo Tabou
25. Le gri-gri du Niokolo-Koba
26. Du cidre pour les étoiles
27. L'Ankou
28. Kodo, le tyran
29. Des haricots partout
30. La ceinture du grand froid
31. La boîte noire
32. Les faiseurs de silence

TIF ET TONDU

4. Tif et Tondu contre la Main Blanche
5. Le retour de Choc
6. Passez muscade
7. Plein gaz
8. La villa du Long-Cri
9. Choc au Louvre
10. Les flèches de nulle part
11. La poupée ridicule
12. Le réveil de Toar
13. Le grand combat
14. La matière verte
15. Tif rebondit
16. L'ombre sans corps
17. Tif et Tondu contre le cobra
18. Le roc maudit
19. Sorti des abîmes
20. Les ressuscités
21. Le scaphandrier mort
22. Un plan démoniaque
23. Tif et Tondu à New York
24. Aventure birmane
25. Le retour de la bête
26. Le gouffre interdit
27. Les passe-montagnes
28. Métamorphoses
29. Le sanctuaire oublié
30. Echecs et match
31. Swastika

TIMOUR

1. La tribu de l'homme rouge
2. La colonne ardente
3. Le talisman de Timour
4. Le glaive de bronze
5. Le captif de Carthage
6. Le fils du centurion
7. Le gladiateur masqué
8. Timour contre Attila
9. Le cachot sous la Seine
10. Le cavalier sans visage
11. La francisque et le cimeterre
12. Timour d'Armor
13. Mission à Byzance
14. Le drakkar rouge
15. Alerte sur le fleuve

LES TUNIQUES BLEUES

1. Un chariot dans l'Ouest
2. Du Nord au Sud
3. Et pour 1.500 dollars en plus
4. Outlaw
5. Les déserteurs
6. La prison de Robertsonville
7. Les bleus de la marine
8. Les cavaliers du ciel
9. La grande patrouille
10. Des bleus et des tuniques
11. Des bleus en noir et blanc
12. Les bleus tournent cosaques
13. Les bleus dans la gadoue
14. Le blanc-bec
15. Rumberley
16. Bronco Benny
17. El Padre
18. Blue rétro
19. Le David
20. Black face

VIEUX NICK

1. Pavillons Noirs
2. Le vaisseau du diable
3. Les mangeurs de citron
4. L'île de la Main-Ouverte
5. Les mutinés de la Sémillante
6. Dans la gueule du dragon
23. Barbe-Noire, Hercule et Cie
24. Le mal étrange
25. Barbe-Noire prend des risques

WOFI

1. Fable et attrapes
2. L'escadrille des becs jaunes

YOKO TSUNO

1. Le trio de l'étrange
2. L'orgue du diable
3. La forge de Vulcain
4. Aventures électroniques
5. Message pour l'éternité
6. Les 3 soleils de Vinéa
7. La frontière de la vie
8. Les titans
9. La fille du vent
10. La lumière d'Ixo
11. La spirale du temps
12. La proie et l'ombre
13. Les archanges de Vinéa
14. Le feu de Wotan

HONG KONG

IAN LLOYD • RUSSELL SPURR

TIMES EDITIONS

Hong Kong

Times Editions
422 Thomson Road
Singapore 1129

First published 1986

Designed by Viscom Design Associates
Printed by Tien Wah Press, Singapore
Colour separation by Columbia Offset, Singapore
Typesetting by Superskill, Singapore

ISBN: 9971-40-023-5

CONTENTS

Fragrant Harbour

Hong Kong assumes such different disguises. A jewel chest, seen from the Peak at sunset most winter evenings. A clammy cloudscape when monsoon rainshowers curtain the upper slopes. Come high summer and it's a moving mosaic as yachtsmen invade the anchorage, ducking and weaving through the twinkling waters.

There's the night of the lantern festival, a'chatter with children, each carrying a candle-lit fish or dragon, heading for high ground in hopes of glimpsing the harvest moon. There are watery twilights which bounce glowing neon back off the glistening roads. And brisk spring mornings when adults dance their stately work-outs in the parks and old men walk cage-birds to the tea house.

Approaching storms etch out the scene in sombre monotone. The harbour glows silver grey and wave-capped, with grubby, tattered clouds tumbling overhead before the rising wind. But the bigger storms strip away masks of cloud, mist and pollution. In their wake the Crown Colony of Hong Kong stands briefly revealed.

Myriad detail, ordinarily undetected, springs before the curious gaze, Lion Rock emerges splendid from the haze, presiding serenely over tight-packed Kowloon peninsula. The narrow, northern fringe of Hong Kong island appears carpeted, wall to wall, with offices, housing, apartments and rare gardens. Clumps of previously unnoticed islands emerge from the outlying reaches of the China Sea.

The political view has similarly been clarified by recent gusts of negotiation. The future is suddenly less obscure. A joint declaration by British and Chinese leaders, signed in Beijing soon after ten o'clock on the morning of September 26, 1984, triggered the countdown towards a British withdrawal.

Hong Kong became British in 1841, main booty of a disreputable war. The motivation was profit. European merchants, mostly British, sought then, as now, to win a foothold in the China market. Their efforts had, until then, been frequently frustrated. Imperial China disdained foreign goods. The Middle Kingdom thought itself the hub of the civilised world, as its name implies, a self-sufficient Confucian oasis safely insulated from the barbarian beyond. Unfortunates outside the pale were condemned to an uncouth, lesser life, humble tributaries to the Dragon Throne.

"We have expounded our wishes and it is your duty, King, to respect them," thundered the Ch'ien Lung emperor. "Tremblingly obey and show no negligence." He was addressing George III of England. His vermilion edict rejected the king's offer to open diplomatic relations, or to expand foreign trade. But the snub did not stop the British. They sensed fatal weaknesses within the Great Within. Confrontation gradually began between the two unlikely antagonists: both the most arrogant races on earth.

The storm burst in 1839 after the Imperial Commissioner expelled foreign merchants from Canton, destroying shipments of "foreign mud" brought in from British-owned poppy fields in Bengal. Opium addiction was spreading throughout China and, with payment demanded in silver, consuming its bullion reserves.

The British mustered all the muscle of the Industrial Revolution. Their disciplined soldiery, long-range cannon and iron-hulled paddle-steamers scattered the Chinese junks and pikemen. The defenders of Canton hung chamber pots on the city walls to scare off the invaders. To no avail; the inventors of gunpower crumpled before the sheer shock of the barbarian assault.

A sort of peace was signed in 1842 at crippling cost to Chinese pride. Five China ports were opened to foreign trade. Hong Kong island was ceded to Britain in perpetuity. Some statesmen in London still felt cheated. "A barren island," groaned Palmerston "with hardly a house upon it." This was true. Three thousand fishermen lived on the inhospitable hump of weathered rock. The place was rife with disease. There was insufficient water, vegetation or, prospects.

History, thus far, had passed it by. The child-emperor, last of the Southern Sung, took refuge there during the 13th century, to die off Lantao island in hopeless sea battle with the Mongols. Before that, pirates and neolithic farmers... The real prize for Britain was the anchorage – one of the most magnificent in China – long, deep and strategically sighted on the northern lip of the Pearl River estuary. Its waters have been sheltering ships and people ever since.

The colony was called Hong Kong which means "Fragrant Harbour" in the Guangdong dialect. Certain historians trace the name back to a once-thriving incense industry. Others link it to an aromatic strain of rice, grown on inland farms, whose earliest harvestings were courier-galloped to the imperial table in Beijing.

Such tributes lapsed as the Qing dynasty declined. The Manchu usurpers who had ruled China since 1663 were by this time past their peak. Their inability to repel the British invited domestic unrest as well as continual barbarian encroachment. War broke out again with Britain in 1856, ending two years later in yet another humiliating Chinese defeat. China was once more forced to sign an "unequal" treaty. The Kowloon peninsula was added to the British spoils. Other European powers rushed in to carve out territorial concessions; behind them came the "pirate dwarfs", the once-despised Japanese.

It was during one of the later land-grabs that Britain forced the Chinese to transfer a third and larger chunk of national territory to Hong Kong. Some 235 islands and a stretch of the mainland peninsula as far as the Shumchun River were occupied in 1896 to form a defensive zone around the harbour. To this day they continue to be known as the New Territories.

This final acquisition was not ceded. It was leased for 99 years. The reasons for such a settlement are today obscure; haughty Victorian negotiators doubtless believed that renewal at some date way off in the 20th century would present no particular problems. Faced with the might of an empire on which the sun never set, the impotent Chinese would willingly grant any necessary extensions.

But China changed. Feelings of helplessness and shame helped spread the sparks of revolution. The Qing dynasty collapsed in 1912. The newborn republic fell into the hands of the notorious "warlords". Chaos was compounded when the Japanese launched a long and bloody invasion which lead, ultimately, to Hiroshima.

The battle for China went on. The Japanese gone, struggle resumed between the communists and their old enemies, the Kuomintang. From that monumental clash the communists emerged triumphant. Hailing the birth of the Peoples' Republic in 1949, Mao Zedong announced: "China has stood up."

Meanwhile, Hong Kong suffered. The British settlement got off to a poor start. Typhoons battered the anchorage. Fever decimated the population. There were financial panics and scandals. Much of the colony's business was creamed off by the growing international concessions in Shanghai. For a time Hong Kong seemed destined to become a sleepy backwater like the neighbouring Portuguese colony of Macau across the Pearl River estuary.

The Japanese nearly dealt the place its death blow. Their forces invaded and annexed the colony in late 1941. Commerce ground to a halt. Most foreigners were interned. The bulk of the population moved hungrily back to the mainland. Buildings deteriorated; dock installations were heavily bombed, the harbour filled with wrecks.

The Americans emerged as the dominant force in the Pacific. The Roosevelt administration favoured returning the colony to China after the war. Chinese re-occupation was only thwarted by the timely arrival of British warships shortly after the Japanese surrender.

But Brittania no longer ruled the waves – or the money bags. The postwar mood in London favoured liquidation of the empire. The concept of colonial government, lording it over millions of compliant natives, was positively embarrassing.

The obvious solution was to grant Hong Kong independence along with Singapore, Malaysia and other imperial jewels. This, China would never allow. One of the communists' first vows after their victory was to abolish all "unequal" treaties and eventually re-unify the motherland. Few people in Hong Kong shared these patriotic obsessions. Most preferred British rule. The colonial bureaucracy might be obtuse, lethargic and occasionally corrupt, yet an atmosphere had been created conducive to freewheeling enterprise. Spared punitive taxes and governmental controls, nimble entrepreneurs in this increasingly affluent enclave could make (and keep) their fortunes. The capitalists of China were hounded and dispossessed.

So nobody clamoured for freedom. Money-making took priority over politics. And people quit the mainland in their thousands, eager to assert their skills and establish a new life under the protection of British administration and justice.

The majority of migrants came from the neighbouring province of Guangdong. These are the Cantonese who still dominate the property market, although several of their leading families have established powerful trading empires. They are a volatile people, small in stature, vivid and alert, speaking one of the oldest dialects in China. Cantonese was once the language of the imperial court. The Japanese, who learned their numerals from Sung China, still count in something akin to Cantonese. The prevailing *lingua franca* of China, *putung-wah*, is a comparatively recent import.

Other communities brought their distinctive dialects. Even their own peculiar lifestyles. The Chuichow, from further north in Fujian, tended to take service in the police. The Hakka, originally from more distant parts of China, came initially as agricultural labour. Others, like the Hainanese, chose to stay on in Hong Kong instead of joining the flood of Chinese emigration overseas.

The communist revolution spurred an invaluable influx of businessmen from Shanghai. Their money, their know-how founded the textile industry, start-point of the steady industrialisation which has transformed Hong Kong in recent years. Today they are ship-owners, bankers, manufacturers and philanthropists.

Redevelopment was virtually forced upon Hong Kong after 1949. Entrepôt trade with the mainland dwindled. The communists purged China of capitalism, which brought fresh waves of refugees into the colony. Factories sprang up in industrial Kowloon to cash in on the cheap labour. Lucrative new markets opened for cheap manufactured goods, mainly in the United States.

China developed more erratically under its new rulers. The terrible upheavals of the mid-Sixties, known as the Cultural Revolution, spread to the colony and caused temporary panic. But the fuss died down and Hong Kong's confidence quickly returned. From then on, throughout the Seventies, the colonial economy boomed, given a hiccup or two, with annual growth rates averaging ten percent.

Advances in electronic communications, the needs of a fast-developing region and *laissez faire* government fostered the emergence of Hong Kong as the third largest banking centre in the world. Its container port became the world's second largest. Four stock exchanges rivalled the races as gambling outlets; property prices rocketted until some began believing the bonanza was for ever.

Overlooked amid the general euphoria was the ticking time bomb of the lease, due to run out at midnight, June 6, 1997. Most deals in Hong Kong are based on capital return within five years, so in those heady days there seemed ample time. Those few who gave the approaching deadline more than a passing thought assumed that China would find some formula for continued British presence. Naturally there was no question of a fight.

Most believed China could scarcely strangle such a golden goose. Hong Kong earned at least 30 percent of Chinese foreign exchange. Besides, the new men in Beijing, successors to the charismatic if unpredictable Mao Zedong, were well-known pragmatists, eager to hasten the modernisation of their country.

Few foreigners sensed the humiliation still embittering Chinese leaders at the foreign occupation, no matter how benign, of the smallest corner of their country. No one in authority in Beijing could possibly be insensitive or secure enough to forget the past. Realisation dawned only after British Prime Minister Margaret Thatcher raised the lease issue in 1982, during an official Beijing visit, to be met with uncompromising demands for the colony's return.

Panic hit Hong Kong. The population had trebled over the past 30 years, thanks mainly to the waves of refugees fleeing communist rule. Most everyone has relatives across the border. All told tales of political persecution and impoverishment.

Life in Hong Kong can be equally cruel. Losers land in the frailest of safety nets. But for the winners, the pickings are splendid. For the rest, it's a comfortable living. More than half the population occupies crowded though adequate accomodation provided by the government. Most households own a telephone, a refrigerator and, proudest possessing a colour television.

The lights beckon so brightly that youthful swimmers from the mainland still brave the guards and sharks to cross the border bays. Not all of them make it. Those who do are rounded up by border patrols and sent back home. Police constantly search for those who make it as far as the towns. These illegal immigrants, known locally as "II's," believe the streets are paved with gold. Many are bitterly disappointed. But the least successful finds that wages in Hong Kong are seven times higher than in China. And there are plenty of things to buy with the meanest worker's money.

Fear of a communist takeover braked Hong Kong's economic boom in the early Eighties. Dozens of speculators shot through the windshield. The property market collapsed, burying some fancy-sounding enterprises. Investment dried up overnight. The currency tottered as fortunes flew off into US dollars and overseas real estate.

Eventually people realised that Beijing was offering exceptionally generous terms. Nothing much would be changed, the communists promised, once the fatal lease finally expired. Hong Kong would become a Special Administrative Zone – a virtually autonomous appendage to the People's Republic – where Hong Kong people would conduct their own affairs without undue interference. Capitalism would continue at least another fifty years. The legal system and virtually everything else would be preserved. Most of these promises were written into the agreement worked out after two years of often-tense negotiation in Beijing.

China's offers might not have been taken so seriously but for the way things were changing on the mainland. The communists made similar, quickly-broken promises in 1949 when they took Shanghai. These days, however, they are making vigorous efforts to revitalise their economy by shucking off some of the more radical policies advocated by Mao Zedong and his supporters.

It's on this assumption that Hong Kong has gone quietly back to business. A cautious optimism prevails. The future depends on too many imponderables. Tomorrow, after all, is another day...

DUNHILL

TUDOR

It's a rare sight, usually in the wake of a storm, when the sky clears and the view from The Peak unfolds in all its wonder. Immediately below, the city of Victoria, although the name is never used; across the harbour, in the growing twilight, the Kowloon peninsula and the mountainous New Territories. Preceding pages: Concrete towers clothe the lower slopes of The Peak where businessmen and residents jostle for elbow-room. Land values are among the highest in the world. The only way to build is up.

PIAGET

The evening heat haze shrouds the "fragrant harbour" of Hong Kong, left. New multi-storey offices tower above the Macao ferry terminal, the assorted water traffic and, rarely these days, a Chinese junk in full sail before the breeze. Today modern, motorised fishing junks are a more common sight in Hong Kong waters.

Sea and mountain merge, left, in the remoter corners of the New Territories. Expiration of the lease on this rambling buffer zone, above, intended originally to isolate the colony from troubled China, has set the deadline for re-union with the communist-ruled mainland. Overleaf: Fireworks from floats out in the harbour usher in the Chinese lunar new year. This is the time for family celebration, thanks for past and future favours. Even business halts briefly as the people of Hong Kong rest, relax and prepare to grapple with tomorrow.

TUDOR

Thousands of people still spend their lives aboard houseboats moored in protected anchorages, but their numbers are dwindling as shoreside accomodation springs from reclaimed land.

嚴禁招貼
地盤重地 嚴禁入內
NO ENTRY PERMITTED
TRESPASSERS WILL BE PROSECUTED

請聯絡:
TEL電話: 5-265211
CONTACT:
FOOK GEE
HOLDINGS LTD.
HONG KONG
FUNKY

British jurisprudence with all its archaic accessories has provided the legal umbrella beneath which Hong Kong developed. The Chief Justice, Sir Denys Roberts, left, and Supreme Court Justice Simon Li, above, help administer a system China has promised to continue after handover in 1997. Preservation of British law under a communist government is considered vital to the colony's well-being. Preceding pages: Tourists are attracted to a much-frequented walk which leads away from the upper terminus of the Peak tram. Hoardings, round a building site, provide drying space for mass-produced paintings aimed, hopefully, at the living room of some visitor's home.

Rickshaws no longer ply the streets, though a few linger on, left, as props for the tourist trade. There are beggars, too, most of them old and homeless, who shame affluent passersby into sparing a trifling coin.
Social security is minimal in a society where the premium is upon success. And families feel less compunction to help aging relatives.

KING & COUNTRY
TOY SOLDIERS · MEMORABILIA
· MILITARY & VICTORIAN PRINTS ·

Hong Kong is still decidedly British. The symbols are everywhere. But the colonial patina is quickly fading. Expatriates are being replaced in government by local residents who look to Beijing, not London, for ultimate authority. The souvenir sellers hawk T-shirts bearing the derisive message that change is inexorably on the way. Overleaf: For most people, especially the younger ones, Hong Kong is not merely a place – it's a lifestyle. Being Chinese, in close touch with relatives just across the border, youngsters in the colony appreciate the value of a free-wheeling, individualistic society. Very different, of course, from traditional China and a world away from the prevailing regimen.

Lover's Romance
Lover's Romance
倫敦
明珠
影都
宇宙
UA
創造不等於擁有
科學怎可控制愛情
佛笑林素食
妮花比兒
法蘭洛丹
FRANC ROADAM
BRIDE
振華體育會
動力

UA
創造不等於擁有
科學怎可控制感情
珍妮花比兒
科學夏娃
佛笑林素食
年青人心境的
5
Happy
Magazine
許冠傑
麥嘉
張艾嘉
光頭仔

H.M.S.
SWALLOW

All the Queen's men? Well, possibly, for a few more years. After that the allegiance of locally-recruited sailors serving the now miniscule British naval presence, and the volunteers of the Hong Kong Regiment, will be subject to review. From 1997 Chinese troops will garrison Hong Kong though maintainance of law and order will be left to the police.

The Gurkhas have been serving the British since the hey-day of empire. Out in the New Territories, along the hilly Chinese border, they maintain patrols to detect and detain thousands of young Chinese who try to slip into Hong Kong every year. When the British leave, so will the Gurkhas; whether these Nepalese mercenaries will then be needed for further foreign service has yet to be settled. Overleaf: From Hong Kong's ubiquitous bamboo scaffolding, sign erectors piece together the celebratory Chinese characters kung hei fat choy *– a happy and prosperous Chinese New Year.*

TWINKLING STAR
588P.
TWINKLING STAR

The Star Ferry Company has been transporting passengers and vehicles across various points of the harbour and to the outlying islands for more than sixty years. The waters its vessels ply have lately grown grossly polluted, despite the efforts of the Urban Council whose waterborne garbage brooms fight a losing battle with the effluent coating large areas of this magnificent anchorage.

The demise of Hong Kong's tram cars has been inaccurately predicted for years. Route signs are interspersed with weather warnings whenever an approaching typhoon affects ferry traffic in and beyond the harbour.

BERIAN FUR
日發文具
YAT FAT STATIONERS
永安
WING ON
AJI-NO-MOTO
味の素
OLYMPUS
48
21
64

There's no better way of sightseeing than an open-topped bus, above, or the top deck of a tram. Cruising through the canyons of Central District, or along the winding coastal road towards the fishing village of Aberdeen, can be a breath-taking experience. Visitors are advised to take plenty of film!
Overleaf: Trams, which were once a uniform green, have in recent years become an advertiser's art-form. Anything from a dolphin, plugging one of the world's best aquariums, to a tube of toothpaste or a packet of cigarettes can be seen rattling and clanging through the densely-populated region below The Peak.

元
6
1
CITY
EXIT
中華
公司
九龍紅磡
3-330331

12
EXIT

有趣有勁
有Fun

High-rises place many workers on a perilous perch as they service the vast glass and concrete frontages which rise on either side of the harbour. Work proceeds swiftly and unobtrusively, much of it on piece-rates; strikes are virtually unknown.

Gods of health, wealth and happiness make up the trinity most worshipped in traditional Chinese households. Their images stand on the family altar, receiving particular attention in the form of offerings during the lunar new year festival. Ancestral portraits, right, also get their due from filial children paying respect to their forebears.

本號名師精寫人像
本號名師精寫炭相

Western-style weddings, above, are not merely fashionable, they're a status symbol, even if the clothes, the car and the decorative doll all need to be hired for the occasion. Later, at the reception, the bride may change into an auspicious red Chinese wedding robe, enjoying the best of both cultures. The inter-mixture is taken for granted in internationally-minded Hong Kong.

CA 6188
BRITISH PLATE B.S. AU 145.

There's plenty of fun for the children at the numerous fairs, above, organised by charities and cultural associations. And there's a chance to act and dance in pageants arranged by the paternalistic City Council, among others, which fosters artistic performances in the urban centre and throughout the sprawling industrial suburbs.

Tourists have been known to ask "where's Chinatown?" in the gleaming heart of present-day Hong Kong. It's still there, but less of it, for instance, crammed beneath the Kaitak airport flight path.

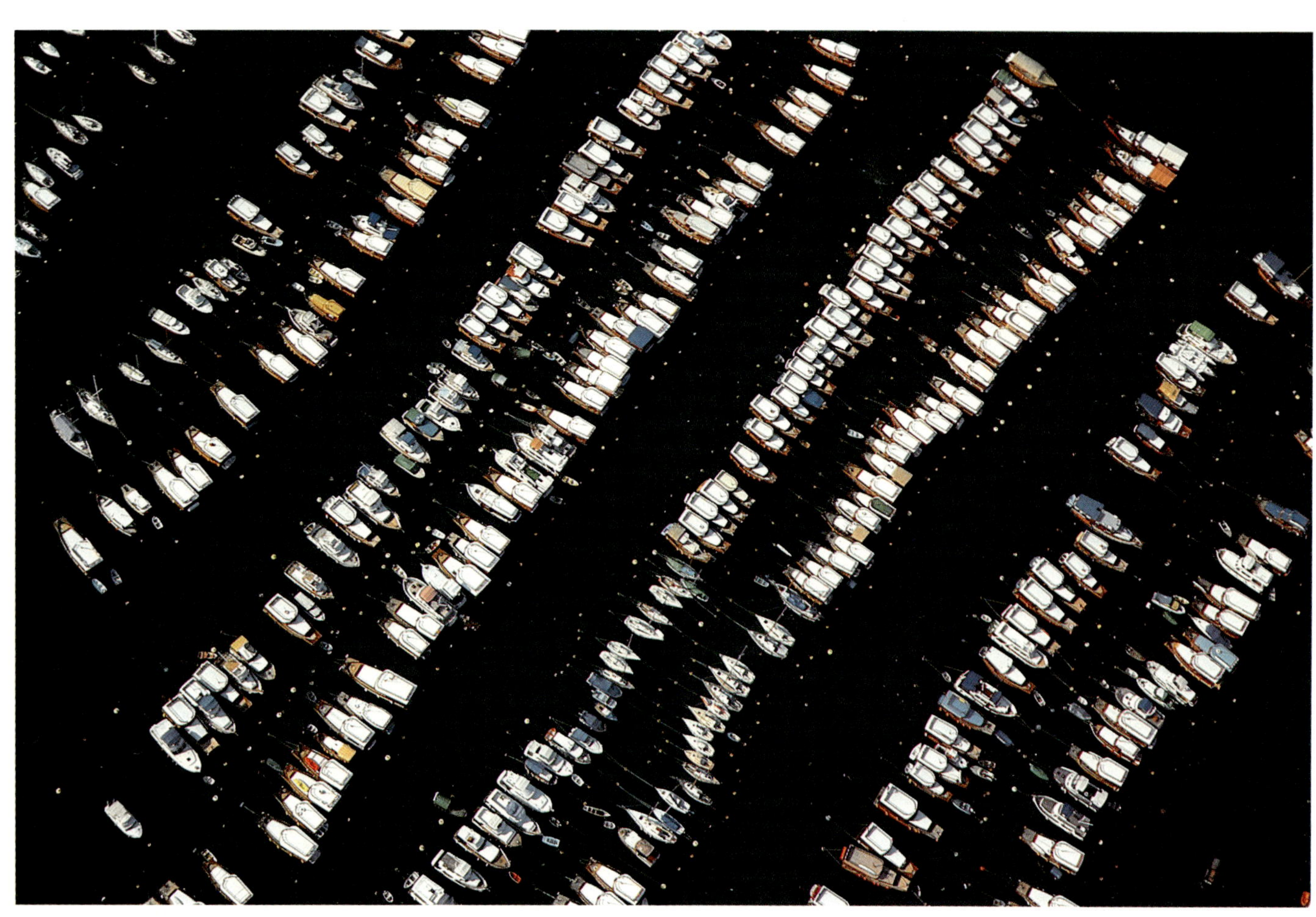

Rich men's boats await the weekend at one of several marinas around the colony. Over at Kwaichung, right, the world's largest container port works tirelessly around the clock. These days the port handles considerable freight for south China where modern docking and handling facilities have yet to be developed.

MTL

Decreasing numbers of people make their living from the sea; rising fuel costs have hiked the price of fish and factories lure away the fishermen. But out in the New Territories, left, fish farms and oyster beds still flourish in secluded bays and, despite the disadvantages, families continue to live aboard their leaky boats in the polluted waters of Aberdeen, above. Overleaf: The Hong Kong skyline has changed so dramatically in recent years that visitors returning after a brief absence have difficulty recognising the place. This is especially true of the island waterfront where reclamations have steadily advanced the shoreline leaving space for fresh and speedy development, much of it devoted to office space in once-notorious Wanchai.

鮮時菓
十元七個
十元五個
十元四個

The old China lives on in the streetside fruit stalls, left, and the shops which recapture a partially-forgotten past. The stall sells persimmons from north China, Californian oranges and Australian apples; food comes into the colony from all over the world. The red-tiled shop gets its crated images only from China where ancient crafts, suspended during the Cultural Revolution, are once again being profitably pursued. Overleaf: Chinese bird lovers bring their caged pets for an airing when they take morning tea, munch a snack and gossip at one of the many dim sum *houses. The kind of food developed for these places has become famous worldwide as a running buffet often served instead of lunch. Larger and more sophisticated tea houses cater for the city workers – without the song birds!*

健

招租
禁止標貼
招租
招租
天津鴨梨
TIENTSIN YA PEARS
ROOSTER

The people of Hong Kong are rightly renowned for their diligence. Given the opportunity, the most humble will try his hand at street hawking or anything else that yields a dollar. But they are also gregarious people who enjoy a fragrant cup or two with friends among the kettles and spittoons of their neighbourhood teahouse.

Every day is washday in Hong Kong where the occupants of bustling Kowloon tenements, left, try to keep pace with the family laundry. Much of it must be done by hand because there isn't the room or the plumbing for the smallest washing machine. Feeding everyone is facilitated, on the other hand, by the growth of American-styled fast food outlets, above.

PEKING GARDEN
北京樓
PEKING GARDEN
北京樓

PEKING GARDEN
北京樓
PEKING GARDEN
北京樓

Every night at the Peking Garden restaurant one of the cooks shows diners how noodles are spun by hand. The ten-minute dough-twirling routine ends up, connoisseurs agree, in a lighter, more digestible product.

The night-time streets of Hong Kong come alive with coloured neon. Traders press their commerce, shoppers crowd the sidewalks; people are always about, window-shopping or simply waiting for a friend.

More modern hotels compete with the Peninsula; none has quite such style. Afternoon tea is still an institution in the main lobby, a one-time rendezvous for bored colonial wives, chattering over the sandwiches. The palm court orchestra has gone, waiters are no longer addressed as "boy". The service remains immaculate as ever, the clientele mostly tourists. Overleaf: The old cricket club, darkened in the foreground, has been turned into a public park. Beyond it lies the Peoples' Bank of China, backed by the futuristic outlines of the Hongkong Bank. To the right, domed and floodlit, the former Supreme Court now housing the governing Legislative Assembly.

HILTON

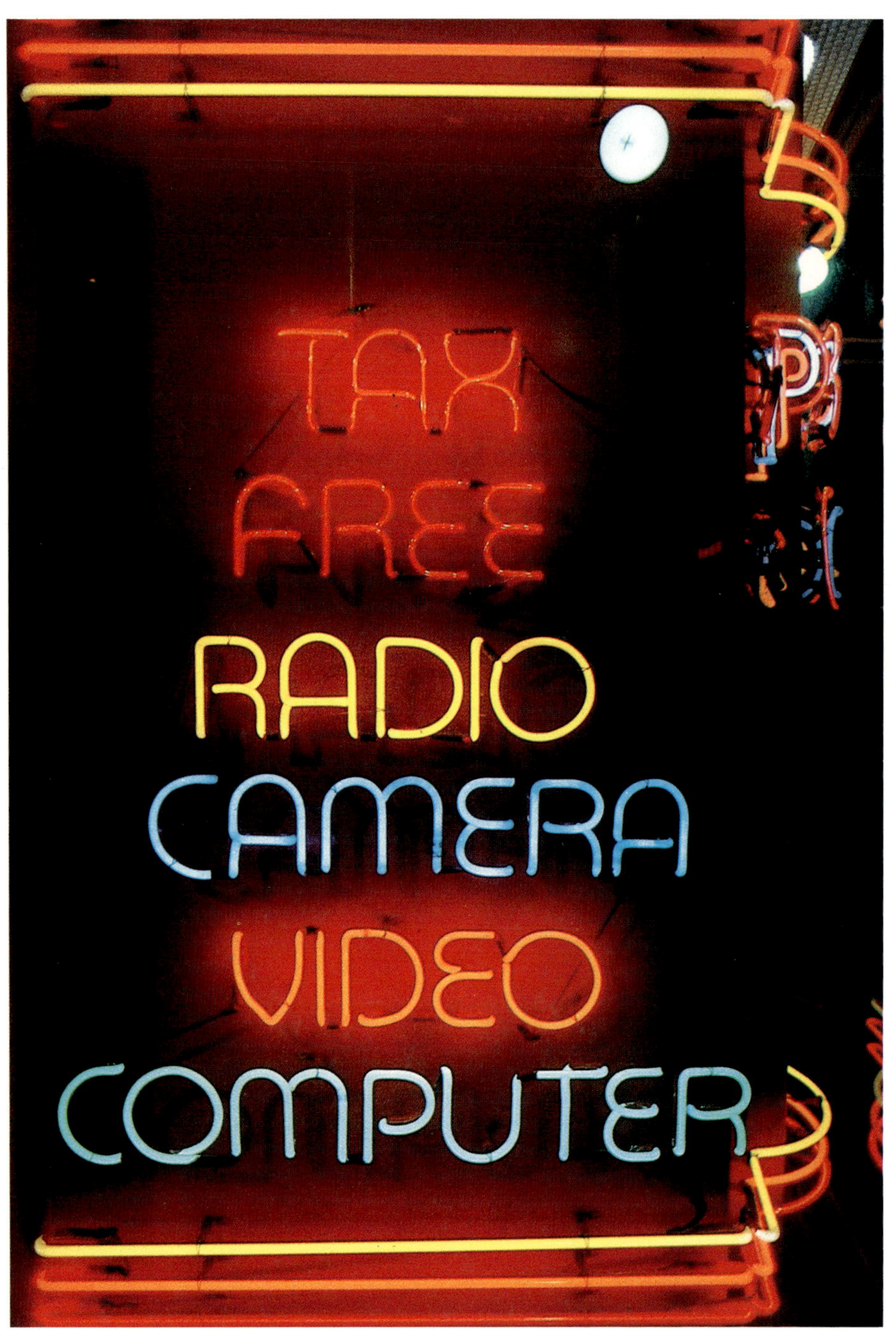
TAX
FREE
RADIO
CAMERA
VIDEO
COMPUTER

The Magnificent Obsession

An electronic Aladdin's cave twinkles deep in the industrial heartland of Kowloon. It's called the Golden Shopping Mall. Tourists seldom venture that far afield. Their bargain-hunting is confined to the cleaner, more commercial corners of the peninsula. The high, grey terraces of tenements and factories towering behind the watch-filled windows of Nathan Road discourages idle exploration.

Yet bargains there are galore. Two whole floors of this unique bazaar are crammed with small stores hawking the merchandise of the future – the monitors, the microchips, the software – which together comprise the latest mini-marvel, the personal computer.

Shopper snap up disks programmed to teach accountancy, touch-typing or musical notation. School children sample the latest space games with the air of connoisseurs. There's so much for the taking – at knockdown prices. This really is treasure trove.

Much of it is *pirate* treasure. Most, though by no means all, the goods are products of computer piracy. They are the work of Hong Kong and Taiwanese manufacturers blatantly copying computer equipment developed and designed in the United States.

Pirates have been plying the China coast for centuries. But this latest, binary breed does its swashbukling stealthily ashore, marketing counterfeit loot at one quarter the original price. Writs rain down from the indignant Americans in sporadic defence of copyright.

Hong Kong's sympathies largely lie with the pirates. Their activities are not exactly condoned, although opportunism, as such, is widely admired. What's wrong, after all, with backing trends? Large numbers of local businessmen ride consumer demand like surfers, cresting whatever happens to be the latest craze. When jeans became the uniform of youth, factories in the colony could not cut them fast enough. Other equally astute manufacturers switched profitably from calculators to CD radios to cordless telephones. The business community calls this ability to punt on new trends flexibility. It is undoubtedly one of Hong Kong's greatest strengths.

Capitalism in its crudest form was the credo of the first British merchants, the original *taipans*, whose clearing houses or *hongs* once dominated commercial life. Firms like Butterfield and Swire, Wheelock Marden and, towering above them all, the "princely hong" of Jardine Matheson wielded influence way beyond the bounds of Hong Kong and its immediate hinterland.

The men who fathered these firms were also pirates of a sort: pious, God-fearing folk, mostly canny Scots from the wilds of Galloway, a violent, inhospitable region populated by sheep and smugglers. Descending on the Chinese coast from India in the 18th century, these dour traders established tenuous trading links in the southern river port of Canton. Their hottest-selling article was opium.

With this wicked drug the *taipans* built great trading empires. At the height of their power, around a century ago, they pulled the strings inside the imperial court in far-away Beijing. Their influence still lingers. Hong Kong shuddered when Jardine Matheson announced, at the height of the 1997 negotiations, that the *hong's* administrative headquarters was moving to Bermuda.

But the times they are a'changing. The commercial pace-setters in recent years have largely been Chinese, deep into manufacturing and property, backed by increasing numbers of investors from the United States and Japan. Initial denunciations of Jardines' move gave way to rueful realisation that the imperial era was over.

No longer is Hong Kong a passive entrepôt, drawing an easy living off the China trade. The importance of China as a trading partner has dramatically increased; interest in gaining a foothold on the mainland has attracted firms to use the colony as a stepping-stone.

The days are gone when the Chinese communists dismissed capitalism as "that noxious weed". Claiming to have foresworn class struggle, they have switched their interests to money-making. Tiny oases of capitalistic enterprise, the so-called Special Economic Zones, have sprung up in southern China, one of them adjoining Hong Kong. Foreigners are invited to establish joint enterprises inside these zones combining modern techniques with cheap Chinese labour.

First on the scene, sensing a bargain, were entreprenuers from Hong Kong. One group pulled off a typical coup. It came about one Christmas when toy-makers were inundated with American orders for a fashionable type of doll. Most of the work was promptly farmed out to workers in factories across the border. The half-finished products were brought back to the colony for the cosmetic touches.

Deals like this could keep Hong Kong flourishing, some argue, solely as a middleman between China and the outside world. The mainland bureaucracy could take decades yet to learn the tricks of international trade, enabling smart businessmen in Hong Kong to live off their foreign contacts with minimal capital outlay.

A few still sigh for "the good old days". By this they mean the early Fifties, when the worst ravages of war had been repaired. There was a drowsy charm about Hong Kong. Life was far less frenetic. The roads were innocent of traffic, everything was cheaper, the press of population had not deprived the place of elbow-room.

It was possible to stroll, window-shopping, along the main thoroughfares without cannoning into people. A drive through the New Territories became a genuine country outing through mile upon mile of under-inhabited farmland where Hakka women in wide-brimmed black hats transplanted rice seedlings in the flooded fields or winnowed their crop beside the empty roads. Cows grazed on the middle slopes around Pokfulam. Live fish filled huge nets beside the floating restaurants at Aberdeen, ready for instant dining.

Shopkeepers were positively reverential. Refugee tailors from Shanghai produced twenty four hour suits for US$25. Antique shops sold splendid Chinese treasures almost for pennies. Snuff bottles, blackwood furniture, precious scrolls, carpets, chests, silks and embroidery smuggled out by people fleeing the Chinese revolution could be picked up at ludicrous prices.

Wealthy homes boasted at least five servants. There were baby amahs and wash amahs and cook amahs lead by a Number One "boy" who often combined the duties of head chef and butler. Like the much-respected Jeeves, such men were legendary retainers.

There was the case of the expatriate tippler who believed his goldfish shared his taste for whisky. Before retiring he would pour a glass of Scotch into their bowl. Next day, the fish would still be there, swimming happily around. At the end of the month the cook-boy presented his accounts. His employer was outraged to find among the groceries (and the whisky) a charge for goldfish.

"Every night I find them dead, go market catchee new ones for the morning," the servant patiently explained.

Bachelors who married suffered special problems. Fresh in Hong Kong, their brand-new brides would be rudely awakened by the cook-boy around dawn.

"Time to go missey," he would cheerfully exclaim. "Master catchee breakfast."

Even the loony lingua-franca, Pidgin English, has completely disappeared. Yet once we all used to learn it. The last place it's now spoken, I'm told, is Papua New Guinea.

Monuments to Hong Kong's past have also disappeared, just as completely, in the scramble to develop scarce land. So many picturesque spots have crumbled beneath the wrecker's ball that the occasional tourist might be forgiven for enquiring "Where's Chinatown?" It still exists, to a limited extent, though you may have to hunt around very hard to find it.

One of the best ways to stroll back in time is to explore the stepped-streets close to Hollywood Road and the adjoining parts of Western district on Hong Kong island, or take a ferry to the smaller offshore islands like Peng Chau where vehicular traffic is still unknown. Traditional open-fronted shops can still be seen displaying tubs of rice, pungent dried fish, racks of joss sticks or strange stocks of supposedly efficacious medicinal herbs.

The oldest Chinese medicine shop on the island was recently rescued from redevelopment and dismantled for re-assembly in a Kowloon museum. But other historic buildings have simply vanished. A two-storey government office in the colonial style, dating back to the 1840's, was dismantled, packed and stored, stone by stone, until the authorities declared it too expensive to rebuild. The elderly, elegant hotel at Repulse Bay came down to make room for high-rise apartments. The apartments have yet to arise.

Something resembling a concrete vegetable grater replaces the stylish old Hong Kong Club. The new interior was obviously inspired by the more vulgar class of Californian motel. The costly remake of the main Hong Kong & Shanghai Bank looks remarkably like a missile poised for flight. Wits say it's aimed, like Jardines, at Bermuda. A few aesthetes condemn the carnage. The majority do not notice. Building means progress to Hong Kong. Swinging cranes vote confidence in an otherwise uncertain future.

Ribald jokes are cracked about the skyline. Office buildings sheathed in golden glass are called "Hakka's teeth". The Connaught Centre with its wide, round windows is equated with gruyere cheese. And there are cruder, more anatomical nicknames. But behind the laughter lurks something akin to civic pride.

Tourists see only the shops. They complain about prices. There was a time when visiting shoppers "went broke saving money". Not any more. Free port Hong Kong remains, although a government committed to heavy educational and housing programmes grows increasingly desperate for revenue. Prices are inflated by shop rentals, now reduced from their peak but still among the world's highest.

Competition is fortunately cut-throat. Shopkeepers were once said to sell their goods at cost and make their profits from the packing cases. Margins can still be pared exceptionally low, provided shoppers take the trouble to look around. So much choice is available in watches, jewellery, cameras and electronic goods that buyers who get over-charged have only themselves to blame.

Old timers deplore the blatant commercialism. One veteran American correspondent called it "life inside a cash register". Others mutter nostalgically about unpolluted air and star-lit city nights. That was before the smog socked in.

Undoubtedly, progress exacts its price. But the indisputable fact remains that Hong Kong provides a better living for a lot more people than was thought remotely possible a mere 30 years ago. Present comforts far outweigh lost courtesies.

14.00
1.40
7.80
7.00
6.70
7.30
9.20
10.20
11.80
13.30
16.50

7,80
8,50
5,70
4,90
3,60
70
7,30
9,20
10,20
11,80
13,30

Trading goes on in some places unchanged by the passing years. Sundried fish, left, curtains a storefront much as it would have done a century ago. The only innovation is plastic wrapping. The spice dealer, above, still keeps his books with the aid of an abacus. Telephones, a modern touch, speeding transactions on the futures market. Preceding pages: Some tradesmen, like these joss stick dealers, have been in the same business for generations. Some still occupy entire streets devoted to one particular commodity. This is changing as the wreckers encroach on the few remaining older areas. Historic charm is no defence against development.

Confirmation of a business deal requires a stamp or "chop". Sometimes a firm or an organisation; more often, an individual. Carving these chops, above, is a thriving and important art. Archaic Chinese characters are often used on small blocks of polished stone or ivory. The man on the right slices ingredients for Chinese medicinal prescriptions.

G
94
95

Money makes Hong Kong tick. The stock market, property, gold are subjected to gusts of frenzied speculation. Dealing is volatile, easily affected by changes in the political temperature and definitely not for the faint-hearted. Fortunes can be made. Fortunes can just as easily be lost. That's the name of the investors' game. Overleaf: Prices on the Hong Kong gold exchange are quoted throughout the world. Alterations in the price of oil, fluctuations in the US dollar, fresh tension in the Middle East or political reverberations closer to home can throw the market into a frenzy. Chinese, like other Asians, invest in the precious metal whenever doubts develop over paper currencies – and the governments that guarantee them.

昨日收市 PREV. CLOSE
今日收市 TODAY CLOSE
紐約 NEW YORK
昨日收市 PREV. CLOSE
今日收市 TODAY CLOSE
芝加哥 CHICAGO
昨日收市 PREV. CLOSE
今日收市 TODAY CLOSE
昨日收市
今日收市
請勿隨地吐痰

金銀業貿易場理事會通告

Chinese cooking requires tedious preparation. Housewives are given a helping hand by fast food stalls that open day and night and serve hot, cheap, fresh and tasty meals. A Hong Kong gourmet speciality – flat-pressed ducks, so popular throughout China. Other prized items include dried sea slugs, sharksfin and endless selections of mushrooms.

金龍

元朗
絲苗米
天字
絲苗米

Rice forms the basis of the south Chinese diet. The merchant, left, in his high-collared tunic, displays samples in open teakwood barrels. Tea is the lubricant of Chinese conversation in the Luk Yu Teahouse, moved and meticulously reconstructed, where the literati gather to weigh up the world.

Small shopkeepers provide the many services which keep the colony going way into the night. Many close only for one or two days a year. Families who own grocery stores work up to eighteen hours a day, offering delivery service and credit – anything to compete with the expanding supermarkets.

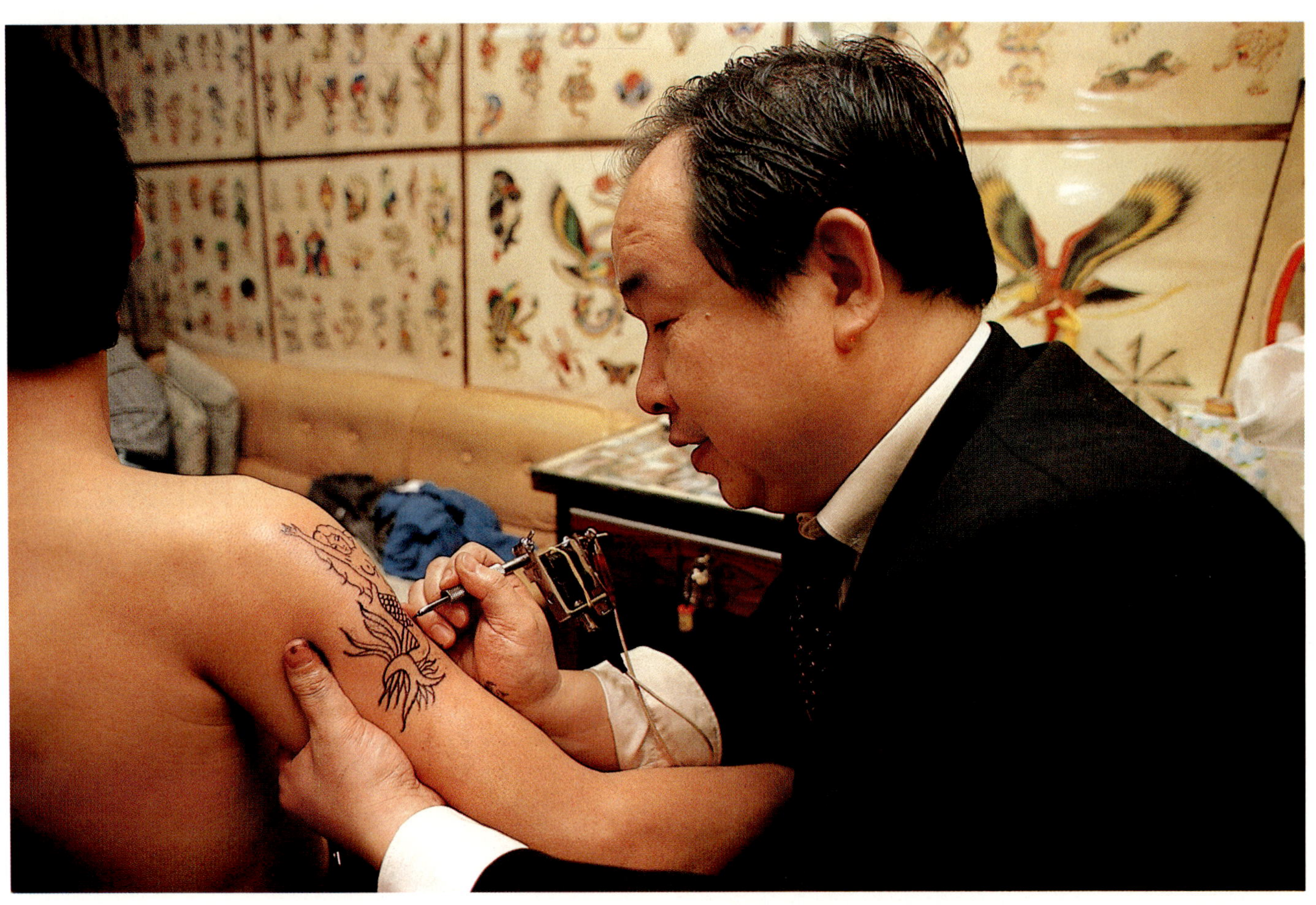

Gerald Godfrey, left, presides over one of the most prestigious, and expensive, antique shops in Hong Kong. Monitors mount guard over the precious merchandise, gathered from China and all over Asia. A craftsman, above, in yet another venerable profession, tattoos a customer at his waterfront salon.

Hong Kong toymakers latch effortlessly onto the latest fad. When Cabbage Patch dolls were in top demand among American moppets the colony's factories geared up to handle rush orders. Some of the work was farmed out across the border in China and airfreighted to the United States in time for Christmas.

Beautiful boats come off the slipways at Aplichau, across the harbour of Aberdeen. Craftsmen, left, caulk the hull of a motorised fishing junk. The decking goes in, above, with electric saws hastening the work. The chips fly, the sawdust showers down and the yards echo to the screech of power tools, the thump of hammers. Overleaf: An expensive stretch of elevated roadway carries the rush hour traffic from busy Central, past North Point to the eastern end of Hong Kong island. It sweeps alongside one of the larger typhoon shelters where boat-dwellers and pleasure boat owners seek moorings and, periodically, protection from the cruel Pacific storms. Typhoons have wrought such havoc in the past that their imminent approach, these days, brings life to a halt as people batten down boats and homes.

The Past is Present

Vegetation sprouts from every balcony. Small metal racks crammed with ferns and flowers protrude from the windows of high housing blocks. Clusters of orchids swing from the verandahs. Proud owners tend their prize blooms way above the streets, taking them hastily indoors whenever the weather turns threatening.

So recently have many Hong Kong Chinese left the land that plainly they feel this inborn urge to cultivate. Pot plants are their defence against a stifling urban environment. The limpest fronds of foliage preserve precious links with farming life, still well-remembered in an alien world of time-clocks and traffic.

Old family ties endure, just as they do in rural China, though this is regrettably changing. Less room is available for once-honoured elders in overcrowded tenements. The joint family home, common enough in the countryside, is a rarity here in the city. First son can scarce provide a roof for his parents, let alone fourth aunt and second uncle, unless he is rich enough to rent or own a large property. Lack of living space has sharply reduced the size of families. Boys were bred, back home, to work the family farm. But in Hong Kong muscle-power is no asset. Children require schooling. And that costs present-day parents plenty of money.

The Chinese have always revered education. Poor boys won fame and fortune in ancient China by successfully contesting the imperial examinations. Even students who failed were accorded an honoured place in society. University graduates are tempted today by equally enticing rewards – but competition is fierce as ever.

The rat race begins in kindergarten. Toddlers are prodded into prodigious study by their over-anxious mothers. At the age of five they are becoming literate, both in English and Chinese, and from then on it's chalk and talk, work and worry all the way to graduation.

Scholarship was abandoned in China during the mid-Sixties when the shock-wave of hysteria, better known as the Cultural Revolution, burst across the mainland. Red Guards closed the schools, sacked the temples, burned books and mounted a reign of terror.

Hong Kong was ruffled but undaunted by the upheaval. People went on worshipping their gods, practicing the rituals and observances laid down in the Confucian precepts. The colony became a remarkable repository of Chinese tradition after religion and non-conformist thought were outlawed in the motherland.

The 354-day lunar calendar survived, strictly for private use, with an almanac plotting permissable action for every single day of the year. Nobody would dream of launching a business venture, get married or start a journey on a day deemed unpropitious by the stars.

Babies are deliberately born lucky – if the parents can afford it. Astrologers pick the propitious moment, doctors obligingly perform a Caesarean at the appointed hour (which might be three o'clock in the morning) and statisticians are left wondering why, in recent years, there's been an upsurge in the numbers of surgical births.

There's a popular pretence that Hong Kong enjoys four distinct seasons. Summer is evident enough, dominating most of the year, and there are four months which are generally referred to as "the cold weather". Spring and autumn are distinguished, if at all, by an outburst of azaleas, minor fluctuations in temperature and bouts of rain. Some years the monsoons (and there are two of them) sweep in so heavily they almost deserve a season all to themselves. Eccentrics like myself walk about without umbrellas, glorying in the downpour, while the new bikini-generation flees resentfully from its beaches.

But by the time the harvest moon appears most of the bathers have vanished. They won't be back until May. The sea is still warm as soup but the Chinese follow the lunar calendar. No matter what the temperature, they desert the water, bring the furs out of storage and behave as if a new ice age was imminent.

The greatest annual festival is the Chinese lunar New Year. The Twelfth or "Bitter" Moon ends a few weeks after Christmas, which many Hong Kong people, whether or not they are Christians, seem to enjoy celebrating, and there is an atmosphere of growing excitement as families prepare for a second round of present-giving and feasting.

Signs appear in shop windows wishing you good health and wealth. You start mumbling the same thing – *Kung Hai Fat Choy* –when greeting old friends. Men stock up on expensive French cognac to drink at family banquets and, incidentally, to improve their virility. Or so it's said. Others sup on snake, for the same reasons, at special restaurants open only during the winter. A few head off to neighbouring Macau for a meal of dog. The British colonial authorities take a dim view of eating man's best friend.

Families expect the freshest foods. Live fish are whipped out of tubs and lugged home in water-filled plastic bags. Chickens and ducks are carried off squawking to be butchered at home. Vegetables arrive newly-picked from outlying farms – together with airfreighted Californian and Australian produce – haggled over, noisily and cheerfully, in true peasant style.

The New Year's Day dinner is prepared in advance. Cooking is discouraged on the day itself for fear someone uses a knife and cuts the family's luck. The meal includes such specialities as red-cooked carp, steamed pork dumplings and possibly a suckling pig. It's essentially a family affair, with gifts exchanged, noisy toasts drunk and deference paid to the elders.

Next day the gods get their due. Temples are crammed with worshippers cajoling their favourite deity into promises of prosperity for the year ahead. The Chinese are not a religious people but they are deeply superstitious. They will go to any lengths to guarantee themselves and their family good fortune.

Some kneel before the temple images shaking a jar of numbered sticks until one of the sticks falls to the ground. Priests check out the number in the I-Ching, the ancient Chinese book of prophecy, and read the corresponding prognostication. The wording can sometimes be open to disturbingly different interpretations. (According to one apocryphal tale monks at a well-known Hong Kong temple offer instant printouts from the I-Ching through their pre-programed computer. The story may not yet be true but doubtless soon will be).

The majority seek the advice of professional astrologers and soothsayers. They accept the often-ambiguous word of little old men peering over complicated charts, women shuffling Tarot cards or squinting into crystal balls. Others consult physiognomy specialists who divide the human race into fourteen animal types, from dragons to dogs, and predict their future accordingly. When I want a glimpse into the future I make for the Midnight Market near the Macau ferry where trained sparrows fish out random slips of hopeful angury.

"You are about to embark on a journey," the interpreter tells me. Which in my job is probably true.

Of course you can *buy* luck. Or so the Chinese believe. Wealthy ones pay large sums at public auctions in Hong Kong for automobile licence plates bearing combinations of lucky numbers. Nine is considered particularly auspicious. The number four, on the other hand, is avoided like the plague. The Cantonese word for four has the same sound as the word "death".

That's why the powerhouse at Aberdeen has five smokestacks. Only four of them actually work. A fifth, dummy stack was added at great expense to avoid bringing bad luck to the surrounding neighbourhood. The decision was taken after consulting a geomancer skilled in the art of determining "*feng shui.*"

The words literally mean "wind water". They sum up the deeply held Chinese belief that the environment can make or mar your fortune. The best possible spot to build a house, for example, is on a mountainside overlooking lake or sea. I once lived in Pokfulam Road on Hong Kong island which is reputed to enjoy excellent *feng shui.*

The British found this out the hard way. Originally they chose Happy Valley for their business centre. The Chinese warned against it. The lay of the land, they said, was fraught with ill omens. The British abandoned their plans and settled for Central district after a succession of deaths from malaria. Race horses (if not their backers) have had more luck in Happy Valley ever since.

There is an old legend about the The Peak. The central summit dominating Hong Kong island is known locally as T'ai P'ing Shan, the Mountain of Great Peace. Alternatively it is called the Man who Brings Longevity. When British army engineers cut a bridle path around the summit late in the last century many Chinese declared that a halter had been placed around the Old Man's neck. This meant that Hong Kong would not stay much longer in British hands.

The advent of the computer, satellites and other electronic miracles has not undermined belief in *feng shui*. Fat fees are still charged to check out offices where misplaced furniture or poorly sited windows might undermine corporate harmony – and profits. Strategic placement of a desk or two is sometimes all that's needed to ward off the malignant influences of man and nature.

Feng shui men were called in, for instance, to supervise removal of the bronze lions standing guard outside the headquarters of the Hongkong & Shanghai Bank when work started on the futuristic new building. The precise moment of removal, the exact angle of storage were carefully predetermined to avoid ill fortune. Geomancers made further calculations when the time came to bring up a crane and return the lions to their present positions.

But other old beliefs are dying. A younger, increasingly educated generation of Hong Kong Chinese is emerging, less deferential to the past and more attuned to alien influences. Television helps fashion new styles in dress and popular music. A business-oriented lifestyle leaves less time for the traditional courtesies.

The status of women has altered. Concubinage is illegal. The arranged marriage is dying out. White weddings are all the vogue, although a traditional Chinese feast may follow. Women handle a wide range of jobs once reserved for men in what is still, essentially, very much an exclusively male world.

There are those who complain, correctly, of a loss of moral values. The Chinese have evolved such a self-sufficient and, in their eyes, superior culture that they cannot easily accept input from the outside world. Modern China has gone through agonies attempting to modernise (as Japan has done) without losing its sense of identity.

The answer to China's problems may yet be found in Hong Kong. Here in this bustling enclave a judicious blend of styles and customs has achieved remarkable results. A middle way is being found which could yet prove of value to the Middle Kingdom.

The world's a stage for those trained in the demanding and varied schools of Chinese opera. Magnificent costumes, shrill speech and highly stylised gestures recreate a world of goddesses, emperors, bold generals and navish villains. Gongs clash, the drums beat as 2000 years or more of marvellous mythology springs back to tinsel life for a few, ear-shattering hours. Preceding pages: A Buddhist priestess and her black-robed lay assistants chanting in a housing estate flat-turned-temple. It is quite common for Chinese spinsters or widows to move to a temple later in life.

Stars of the Chinese opera are ill-rewarded and underworked. The number of opera companies has halved in recent years as a new, urban generation switched to television, nightclubs and discos.

The Chinese are more casual than most in their religious practices. But they believe firmly in the whimsies of fate and lose no opportunity to invoke blessings for the future. There is always a rush of new year celebrants at the big Wong Tai Sin temple, above, where joss sticks support supplications to the gods. At the Man Mo temple in Hollywood Road, right, long-burning circular incense sticks, hanging from the ceiling, earn merit for pious donors.

A foreign traveller has remarked that "the Chinese don't farm, they garden". Preceding pages and above: The scrupulous attention given to the fields, at such back-breaking cost, is apparent in the arable countryside close to the Chinese border where rice has given way to cash crops, duck rearing and piggeries. Farms are unfortunately disappearing beneath the spread of urban development. Overleaf: The Hakkas are known to their neighbours as "the guest people". Communities of them settled in south China centuries ago, retaining their distinctive dialect and customs. These old Hakka women enjoy a smoke (for the benefit of tourists) outside one of their walled villages in the New Territories.

Time to Play

Hong Kong takes its pleasures grimly. Sometimes I wonder whether anyone ever relaxes. Leisure seems to demand almost as much concentration as work. The yachtsmen look dourly professional in their expensive boats, the waterskiers purposeful, the joggers damply determined. Race meetings lack the feeling of fun found at tracks elsewhere. The prominent are self-conscious, their ladies decorative and the punters too anxious to win.

Everything is approached so seriously. There is little genuine spontaneity. Perhaps it's the smallness of the place. At a certain level, everyone is visible to everybody else.

Since money-making dominates all human activity, social contacts are almost exclusively commercial. Outside the family most friendships have little more than monetary value. Society is subtly divided into incestuous little compartments which mix bankers only with bankers, stockbrokers solely with their own kind and government officials eternally with one another.

Since those gilded days British expatriate society has markedly changed. Standards have sharply declined, as any Old China hand will tell you. Cards are no longer left at influential homes, nor the visitor's book signed at Government House. Dinner jackets are seldom worn, though once they were obligatory, even for the movies. Blame is laid on the spread of American influence.

Evidence is cited of lax behaviour in the American Club. For some years now it has permitted gentlemen to wear open-necked shirts to luncheon. Down the road at the Hong Kong Club, however, sartorial standards are stoutly maintained. On the hottest days of summer, when temperatures and humidity are better suited to a Turkish Bath, club members can be seen striding manfully through its august portals in sizzling splendour. Most wear jackets and waistcoats; one now-departed worthy, I still recall, was never without a bowler hat.

Gone are the racial taboos. The clubs are open to anyone with enough contacts and cash. Plenty of people have plenty of both. Some of the world's richest men (and women) are alive and well and living temporarily in Hong Kong. They have also cornered property, as fall-back positions, along the entire North American West Coast, as well as in Australia and Britain.

Money is the key to everything. To membership, for instance, of the Royal Hong Kong Jockey Club. It marks one's arrival on the social scene. Ownership of an air-conditioned box overlooking the track, fully equipped with hot and cold running buffet, is one of the many rewards awaiting the aspiring entrepreneur.

It used to be said that Hong Kong was run by the Jockey Club, the Hong Kong Club and the Governor – in that order. At both these prestigious establishments, especially the bowling alley bar in the Hong Kong Club, a great deal of important business is still discreetly transacted. But these days most of the financial wizardry – and the wheeler-dealing – is out of British hands.

A few political prudes profess shock at the disparities of wealth. The majority of people in Hong Kong couldn't care less. The rich flaunt their gains. Life on this earth is meant to be enjoyed, they say, and if money makes things sweeter, then to hell with the hereafter.

The Cantonese particularly enjoy a touch of ostentation. Those who've made it do not hesitate to trumpet their triumph to the world. Without prompting they boast about the price of their new car – and demand to know how much you paid for yours.

Conspicuous consumption in Hong Kong can be very conspicuous indeed. There is one marvellously eccentric woman, wife of an eminent lawyer, who dresses only in pink and drives around in a pink Rolls-Royce. Her chauffeur wears pink to match.

A leading financier who went bust not so long ago was found to own 32 cars, all bought in the space of three years. Five of them were Rolls-Royces. Hong Kong is supposed to have more Rolls-Royces per head of the population than anywhere else in the world. Enough, I am assured, to form a most exclusive owners' club.

Most expatriates live remarkably well. The hefty, barely-taxed salaries of *taipans* and senior government servants, plus bonuses for the businessmen, are augmented by the awesome, untaxed privilege of a house and garden on the Peak. The humblest executive/bureaucrat receives subsidised housing, possibly a free car, utilities and, occasionally, paid servants. Add free air fares home, generous leave and contributions towards the children's school fees to explain the general reluctance to return to the frugalities of English suburbia.

The wealth of perks leaves this pampered elite sadly isolated. Remarkably few foreigners make more than superficial contact with the colony. No more than a handful pick up a smattering of what is, admittedly, a difficult local language. It took me years to learn to simply say "Thank you" in Cantonese.

Yet despite the lack of social intercourse, or possibly because of it, racial friction in the colony is minimal. The main ethnic communities largely ignore each other. Inter-marriage with Chinese is tolerated, except, perhaps, by the Chinese themselves. Most Chinese prefer to go their own superior way. Intercourse with the "*gweilo*" is seldom more than commerce strictly dictates.

The Cantonese term for foreigners was once thought too contemptuous for open use, but in the past few years the "barbarian ghosts" themselves have proudly adopted it. No one blinks an eye these days when an expatriate refers to himself as a *gweilo*.

Hong Kong is often dismissed as a cultural desert. This may have been true a few decades ago when money-making outbid all other forms of endeavour, but in recent years a lot of lively artistic life has struggled to the surface. A few imaginative painters are winning recognition abroad. Bright young film directors have overcome the demands of commercialism to produce a notable handful of internationally-acclaimed award-winning movies.

My own minor achievement was learning to handle a Chinese paint brush. For five years I took lessons in the studio of a Cantonese master whose wizardry was an education in itself. Examples of my wind-lashed bamboo appear in a number of family living rooms around the world. The artwork may not look much to the expert but it gave me useful insights into the surrounding culture.

Over the years I also learned a lot about food. The Cantonese believe, firmly, in its beneficial effects. While westerners worry about calories, the Cantonese eat their way to better health. People from other parts of China sneer that "those southerners will swallow anything" and there is some truth in this; anything that flies, swims or crawls is liable to end up in the Cantonese cookpot. But local gourmets tell any who cares to listen that a proper choice of dishes helps preserve the bodily balance and inner temperature.

Hong Kong has thousands of restaurants catering to this choosey clientele. Eating out is a major leisure pastime. Families study the menus and quiz the cooks with a seriousness seldom seen beyond the bounds of its gastronomic rival, France.

Wedding feasts are extraordinarily impressive with their symbolic dishes, recurrent toasts and bridal finery. They are also the excuse for gambling and the tables swish and click with the sound of mahjong chips until the moment the food arrives.

Gambling is the common vice. Most people in Hong Kong regard it as part of the way of life. The Chinese will bet on anything. Besides mahjong they slap down their hard-earned dollars on cards, lotteries or the fastest fly walking up the window. Charter planes airlift loads of rich local Chinese to Las Vegas. The two tracks run by the Royal Hong Kong Jockey Club handle more money in bets each year than the revenue departments of many developing countries. A large proportion of the take goes in taxes and charitable contributions.

This does not entirely satisfy social workers who protest against the proliferation of betting shops. But gambling proves more addictive than drugs and it is accepted that attempts to restrict it only drive punters into the arms of racketeers.

Drugs are another vice. Opium smoking has been virtually stamped out – an occasional police raid nets two or three poor old men crouching over their illegal pipes – but heroin has become a major problem. Burned and inhaled it attracts the poorer members of the community as an escape from harsh, present realities.

Drinking can also be fearsome. At day's end clubs and bars fill with wilting executives belting back reviving liquor. Alcoholism is a perpetual threat, especially among expatriates whose lonely wives are tempted to the bottle. Divorce rates are up; sociologists remark on the numbers of older men with bright, young second wives.

Sex as well as booze is sold in Wanchai. The old red light district on Hong Kong island regularly attracts its quota of visitors, mainly American sailors from the Seventh Fleet. US warships periodically fill the harbour in search of what is euphemistically called "rest and recreation". Lingering prohibition in the US Navy sends crews rushing ashore panting for a drink. The Wanchai bartenders and their skimpily-dressed hostesses are only too eager to provide. Hustling was brisker at the height of the Vietnam War but the latest generation of gullible sailors part just as swiftly with their money.

The notoriety of this grotty suburb sprang from a popular novel of the Fifties which glamorised "The World of Suzie Wong". The true story is less romantic. Poor girls who become prostitutes to escape the crowded tenements of Kowloon find themselves the pawns of pimps and brothel owners. They burn out their lives in less than five years, hooked on drugs, discarded by their families and society.

But even Wanchai is changing. The fusty old tenements, haunt of hookers and opium addicts, fall steadily before the developers. Smart new offices replacing them provide a welcome refuge from the pricey rents in Central. The topless clubs linger, on borrowed time, though the health-crazed young turn to discos and coffee bars. Or seek what solitude is left in the furthest reaches of the New Territories.

Throughout this once-rural area modern towns arise beneath the mountains and beside the sea, displacing the farmers and the fisherfolk, thrusting great towers of concrete out of the ricefields and sleepy harbours. The villages of Shatin, Yuen Long, Tai Po and Tuen Mun are massively reborn. Much of the remaining land surface is reserved for country parks. Beautiful tracts of mountain, forest, heath and rocky beach await those energetic enough to make the long trek.

Summer weekends see thousands of youngsters seeking fresh air and elbow-room away from their crowded homes. They hike and camp and barbecue in the peace of the great outdoors; briefly escaping urban shadow for rural sunshine.

THE
HONG KONG
DERBY
打吡大賽

So little room is available in densely-populated Hong Kong that the stable boys, or "mafoos," *have to walk their charges at rooftop level. Race horses enjoy the best of comforts; their stalls are air-conditioned. This is more than child patients can expect, critics point out, in the wards of government-run hospitals. Preceding pages: Hakka women in their shady headgear clean up the grass track at one of Hong Kong's two racecourses. An alternate runs nearby for use in the wetter weather. The latest in hi-tech billboards announces the next event; a race guaranteed to attract the punters in their thousands.*

NO. RIDER DR.
ROUSE.B
HIDE.E
CRUZ.A.S
RAYMOND.B
TSUI.K.L.
CHAN.P.H
NO. RIDER DR.
MOORE G

Coming to Hong Kong is for most people the biggest gamble of their lives. Yet they persist in gambling, forever tempted to risk their hard-earned cash in myriad games of chance.

Punters' agony: a mostly male crowd watches the favourites battle down the turf at Happy Valley racecourse. The mood of grim concentration is briefly lightened, above, by music from the British military garrison.

ES

美國飛

The aquatic attractions of Ocean Park, above, are reached by one of the world's biggest escalators, scaling the mountain face with Aberdeen harbour in the background. Much of the colony is mountainous which puts a premium on the limited reserves of building land. Hence the daunting cost of homes and offices. Preceding pages: Trained dolphins leap through their act at Ocean Park, the elaborate marine showground built with the profits of horse racing on the outskirts of Aberdeen. Other performers periodically include a high diving team, swimming clowns and a friendly killer whale.

More than half the population of Hong Kong is under the age of twenty-one. Families are today much smaller than they used to be, yet there is undending pressure for places in the better schools. Pupils are hard-working and disciplined; in the streets outside their schools they are marshalled by fellow students in distinctive uniforms, above.

The lions outside the Hongkong Bank are supposed to be lucky. Astrologers picked the precise moment for moving them while the new building was under construction. The Henry Moore sculpture, right, outside the nearby Connaught Centre, has less superstitious cachet though it makes a great spot for lolling around with your friends.

The religious fantasies of a Chinese millionaire haunt the gardens, right, of Haw Par villa. More benign statuary hovers over the swimmers at a beach-side temple dedicated to the Sea Goddess at Repulse Bay.

It's a relief to wallow in the water when summer heat and humidity set in. Avoiding the crowds is trickier because everyone wants access to the nearest pool or stretch of beach. The more popular spots within easy reach of public transport are carpeted at weekends with wall-to-wall people. Privacy is precious in a place as jam-packed as Hong Kong. Overleaf: The recently-refurbished Aberdeen anchorage places the spectacular floating restaurants between the hills of Aplichau and the Marina Club, centre left. Fish used to be kept alive in nets alongside the restaurants; today, the waters are too polluted. But a clean-up is in progress, to the satisfaction of the yachtsmen, expensively moored, and the boat people crowded in rows behind the harbour walls.

JUMBO

CLEARANCE SALE
19.97
BABIES SLEEPWE
NOW HALF PRICE
REG . HK $
NOW HK $
我❤香港
WILL YOU
SPONSOR
ME ?
IMMIGRATION DEPT. 人民入境事務處
IMMIGRATION
CENTER
CLEARANCE 19.97 SAL

A Shift of Power

Hong Kong looks to the future with guarded optimism. Promises of prosperity and stability appear to be confirmed. Government is shifting, gradually and peacefully, from colonial to local hands. Business confidence remains unaffected. The increasing influence of China is discreetly masked. Two years of the most delicate negotiation have granted the Beijing compatriots special insights into the complexities they will inherit in 1997.

The people of Hong Kong have come to realise, for their part, that from now on their future is inseparable from that of China. Closer to the deadline, some may still balk. There's bound to be movement towards the exit as handover approaches. But few really want to go.

The crucial question is whether the Chinese leadership will keep its word. The deal being offered – "one country, two systems" – permits Hong Kong to remain capitalist even after it's been absorbed back into the communist motherland. At first glance this looks like a non-starter. Never did lamb lie down more nervously with the lion.

But then it must be noted that in spite of the denials, capitalism is the direction in which China itself is presently moving. The current leadership has staked its reputation on the success of its admittedly experimental open-door economic policies.

Perhaps the policies will change? The political line has zig-zagged wildly enough in China since the 1949 revolution. The difference today is that Mao Zedong is gone. The longer China stays on present course the harder it will be to change things.

Hong Kong has been promised a form of self-government. This may not prove as democratic as some hope. Cynics expect merely to change one set of masters for another. The pressing concern is not political. People seem more anxious to preserve their lifestyle – and the unique business climate that's transformed a waterless rocky refuge into one of the world's great trading posts.

Printed in June, 1986
Publisher's number: 286